英語という選択

アイルランドの今

嶋田珠巳

岩波書店

目次

目　次

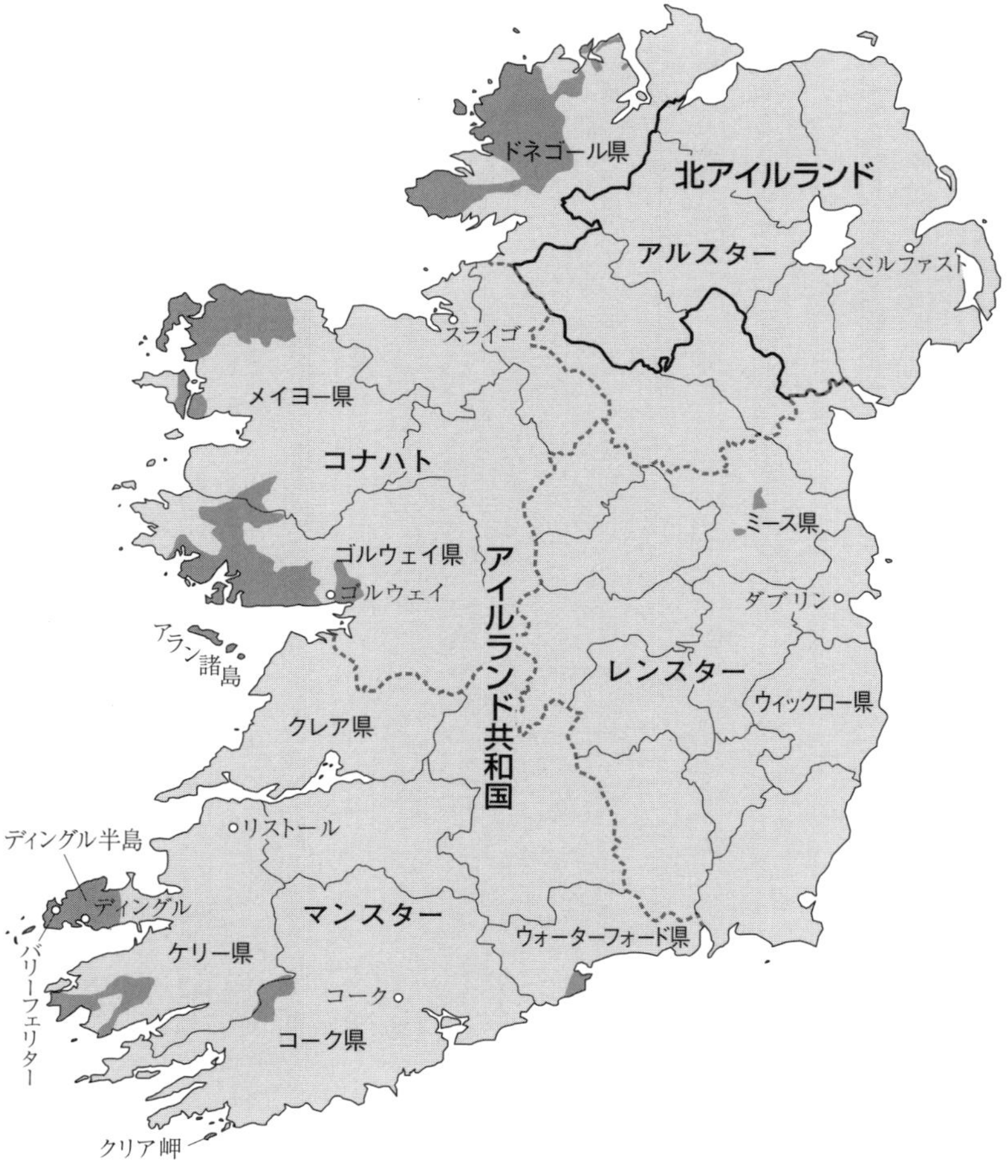

アイルランド島の地図（濃く表示されたところがゲールタハト）
（出典：Údarás na Gaeltachta のホームページ
http://www.udaras.ie/en/an-ghaeilge-an-ghaeltacht/an-ghaeltacht/）

第一章　アイルランドというフィールド

I　地点

民族のことばが英語に取って替わられる

一国の「国語」が実質上かわる。そんなことは簡単に起こりそうにない。でも、アイルランドでは実際にそれが起こってしまった。日常的に話す言語がその土地のことばで民族語であったアイルランド語から英語に替わってしまったのである。大学の学部生時代にアイルランドに交換留学することになったわたしは、なぜそんなことが起こりえたのか、いまの人たちはそれをどう思っているのかを知りたいと思った。自分の国のことばが英語に替わってしまって、どうしてその国の人たちは平気でいられるのか。もし、日本でそんなことが起こったらたいへんだ。私たちのことばである日本語が英語に取り替えられてしまったら。毎日話すことばが日本語でなくなったら。留学する前、遠く離れた、まだ何も知らない国への関心はそこに向けられた。このことが本書の、あるいはわたしの研究の出発点である。

わたしが学部生だったのは、折しも、英語第二公用語論の議論が盛り上がっていた頃である。『あえて英語公用語論』(船橋洋一、二〇〇〇年)の、「あえて」にそのこころを感じるような、このままでは日本は英語ができないことで国際的に不利な立場に追いやられてしまうのではないかという危機感が日本を包んでいたのかもしれなかった。日本がこれから英語とどうつきあうかについては、自身が英語を二つめのことばとして読み、書き、話すうえでも、英語教育にたずさわるうえでも、言語と社会に問題意識をもつ研究者としても、よくよく考えないといけないと思ってきた。なにも知らずに適当なことを言うのはとても怖いことだから、わたしのばあいには自分がやっていることを土台としてなにか考えられることがあるのかもしれないと思ってきた。本書はたとえば日本の英語教育に関して、考えを表明するものではない。ことばの問題をひとまかせにすることになる前に、それぞれが考えていく素材としてそこにあるような本でありたいと思う。

日本語が英語に取って替わられる。そんなことは、いくつもの「もし」を何重にも繰り返して、ようやく考えられる小さな可能性なのかもしれない。けれども、ことばをめぐる歴史を振り返ってみると、いくつかの幸運も手伝って、今の日本語の状態があるのかもしれないと思うところもある。歴史を振り返れば、森有礼《ありのり》のように、日本人は日本語を使うのをやめて英語を母国語に採用すべきだと唱えた人もいた。現代においても、「明日から全員英語で」などと言わないまでも、社内あるいは学内といった場では、そのようなルールのもとで運営がなされていることもある。そのような会社や学校が増え、観光客を迎え入れるために英語の使用を促し、そうなる頃には興行、行政においても、というようにして英語の使用領域が拡大したならば、言語をめぐる現在の状況は随分と変わったものになるだろう。今日の日本では、さまざまな言語文化的背景をもつ人たちも増えている。変わりゆく状況のなかで、ことばに関して実際的な議論をする日がくるのは、そう遠くない未来なのかもしれない。

英語を話す国の植民地ではなかった日本において国家で英語を採用しようという動きがあったとこ

ろにはさまざまな背景があるにしても、日本人はときにみずからの話す日本語もまたかけがえのないひとつの言語だということを忘れてしまうことがあるかのように見える。一定の人口と経済の規模をもつ日本が自国のことばを失うことはふつう考えられないから、日本語に加えて英語も話せるほうがいいという主張が出てくるのかもしれない。だが、言語には意外にもろい側面がある。いま空気のような存在である日本語でも、それがいつまでも、どこまでも安泰という保証はない。あるときの選択が、そんなはずではなかったという結果を将来的に招く可能性も否定できない。

森有礼が伊藤博文内閣の明治政府初代文部大臣となったのは一八八五年のことだから、ちょうどアイルランドにおいて土地のことばであるアイルランド語から英語への言語交替(language shift)が加速化した頃と重なる。このころ、アイルランドの言語交替はもはや後戻りのできないところまで進んでしまった。どのように言語交替が進んだかについては第二章で詳しく見ていくことにするが、アイルランドの言語交替の根源的原因にはイギリスによる植民地支配があることをまず確認しておきたい。日本のように、植民地化を免れてきたのちに、国力の低下を危惧してあらわれた、英語使用の「議論」ではない。アイルランドにおいては植民地支配があってことばを替えたということが現地の人の意識に染みついていて、そのことは現代のアイルランドの言語とアイデンティティを考えるうえで、外せない部分である。

本書はアイルランドに起こった言語交替とそれにともなうアイルランド英語の形成を中心的な話題として、ことばをめぐる人々の意識と言語の性質を考えていく。本章ではまず、アイルランドというフィールドがどのようなところか、その空気、その土壌を書いてみたい。

「ことば」と「言葉」について。本書においてはおおむね、語word(s)の意味で用いるときには「言葉」と表記し、言語language(s)の意味で用いるときには「ことば」と表記する。言語交替が起こるときには言葉が置き換わっていくことも起こる。ことばと言葉はときに不可分で、両義性を保つほうがよいばあいもあるのだが、漢字とひらがなを遣い分けることとした。(文献名や引用はその限りではない。)

アイルランドは遠くて、近い

わたしが初めてアイルランドに行ったのは一九九八年の秋。交換留学生としてコーク大学に一学年期間留学したときのことである。当時アイルランドは日本からはとても遠くて、アイルランドからしても日本は遠く離れた国であった。現地にいる日本人はまだ珍しかったから、アイルランドの人から日本のこと、日本の文化、宗教、産業、都市のことを、いろいろと尋ねられた。質問のなかには、「日本にジャガイモはある?」とか「日本でもコーヒーを飲む?」とか「日本では着物で大学に行くの?」とか、おまけに「万里の長城は何キロメートルなのか」などというものまであった。自分の親にしたところで、アイルランドといえばIRA(アイルランド共和軍)のことが気になったくらいだし、比較的最近でも隣町の美容師さんは「アイルランド……。火山ですか」などと言っていたから(アイスランドとこんがらがったのですね)、文句も言えない。つまるところ日本とアイルランドはお互いに遠くて、お互いをあまりよく知らない。アイルランドで初対面の人がふたことめにいう、All the way from Japan!(はるばる日本から!)に実感がこもるわけである。ちなみに、よく混同されるアイスランドは、アイルランドよりまだ北にあって、島としてはアイルランドよりも大きい。

アイルランド共和国のあるアイルランド島はイギリス(連合王国 United Kingdom, UK)の主要な国土であるブリテン島の左隣あるいは西に位置していて、北海道よりも緯度が高く、面積が北海道より少し大きい島である。島の北側六分の一は北アイルランドであり、イギリスに属している。緯度は高いのだが近くを暖流が流れているために、緯度の割には暖かく、雪はめったに降らない。ただ、季節を問わず、雨がこまめに降る。だから芝生はいつも緑で、「エメラルドの島」という名前にふさわしい、美しい「緑の国」である。日本語でエメラルドと言うとなんだかとてもゴージャスでおしゃれな感じがするが、わたしの印象におけるアイルランドは、もっと素朴で、ぶっきらぼうで、わりと人懐っこくてあたたかい。

そしてアイルランドの友人といると、ときどき感覚が近いなと思うこともある。どこの国の人にもそういうところがあると思うが、ことに自然に対する畏怖や敬意だろうか、ものごとの理解の仕方だろうか、なにかしら感じる親近感である。最近、ラフカディオ・ハーン(一八五〇—一九〇四)の書いたものやハーンについて書かれたものに触れることがあって、なるほどそういうつながりがあるのかもしれないと思った。ハーンは日本に来て、怪談、日本観察および日本文化に関する作品を書き、日本を世界に紹介したのだが(作品は『心』、『小泉八雲集』などに収められている)、ハーンの日本理解には彼の幼少期のアイルランド経験がベースにあるのだという。

ハーンはアングロアイリッシュ(一般的には、イングランドの出自をもつアイルランド在住の人のこと。プロテスタントを信仰していることが多い)の父とギリシア人の母のもとに生まれ、二歳から十三歳までをアイルランドで過ごし、日本人小泉八雲として生涯を終えた人物である。豊かな文学を生み出したハーンのアイルランドの体験は、その幼少期に深く刻まれる。ハーンの母ローザはダブリンでの暮らしが合わず（ギリシアとアイルランドでは、気候、人の気質、食べ物、宗教、暮らしがずいぶん違っている）精神を病んでひとり故郷に帰ったために、ラフカディオは乳母のキャサリンに育てられる。キャサリンはアイルランド北西部コナハト出身で、彼女をとおしてケルトの口承文化に触れることができたことが、どうやら八雲の日本理解につながっているようである（小泉二〇〇六年、二〇一四年）。両方にある自然信仰。キリスト教が入る以前の要素を十分に保持しているアイルランドには西洋と東洋の単純な対比でわりきれない日本との共通性があるようだ。ハーンの曽孫にあたる小泉凡氏の『怪談四代記――八雲のいたずら』（二〇一四年、60頁）にはアイルランドと日本の信仰における共通性が述べられている。

アイルランドは国民のほとんどが敬虔なカトリック教徒だが、ケルト民族のドルイド信仰が一部キリスト教と融合しつつ、今もまだ根強く残っている。それは、日本のアニミズム（精霊信仰）を起源とする民俗信仰を背景として神道が生まれ、外来の仏教と習合した事情とも似ている。

ドルイド信仰は万物に精霊の存在を認めるといわれるケルトの民間宗教であるが、小泉氏によると、来日後のハーンが日本の民間伝承を違和感なく受け入れ、その本質を直観的に理解したのは、少年時代を過ごしたアイルランドの文化環境に育まれた想像力がおおきいというのだ（「ラフカディオ・ハーンとアイルランド――記憶のはじまり」二〇一五年六月－二〇一六年一月、小泉八雲記念館企画展）。ハーンは後年、アイルランドの作家イェイツにあてた手紙のなかでアイルランドへの愛を書き留めているが（小泉二〇一四年、23頁)、ドルイド信仰とベネディクト派などの僧院文化に根ざしたカトリックとが融合したアイルランドが幼少期の環境にあったことは彼の日本に対する感受性を育んでいたことだろう。

本書はアイルランドのことばの話が中心となるが、たとえば言語の取り替えが起こったところの根底に何があるのかを考察するなかでも、どこか遠い国のお話とか、他人事と思えないようなことがあるかもしれない。日本の英語人気や早期の英語教育導入の議論に、アイルランドの言語交替に通底する問題を見つけるかもしれない。さらに言えば、とくにアイルランドと日本に限った話というようなことではなく、より普遍的な事象として見えてくることもあるかもしれない。遠く離れたアイルランドと日本との共通性は、私たちの考察を刺激し、理解を進めるだろう。遠い国にある、じつは身近な問題を読者とともに考えてみたい。

緑のアイルランド

アイリッシュパブ、アイリッシュダンス、アイリッシュミュージックに、アイリッシュウィスキー。頭に「アイルランドの」を意味する「アイリッシュ」の付く語をいくつかあげることができる。アイリッシュパブなら世界中どこにでもある。アイルランドは世界に知られるミュージシャンを輩出し、すぐれた文学があることでも知られる。アイルランドは、国の規模のわりに存在感がある。

よく聞かれる質問に「アイルランドは食べものはどうですか」というのがあるが、食べものはおいしい。さまざまに調理されるじゃがいもに、うし、ひつじ、ぶた、にわとり、七面鳥などのお肉、にんじん、日本ではお目にかからない根菜のパスナップ(色と形状はやや黄色がかっていて細身、しっかりものの大根みたいだが、甘みがありすこしホクホクした味わい。ちなみに日本の大根はあちらでは見かけない）などが伝統的な料理の材料になる。茹《ゆ》でる、煮る、オーブンで焼くなどが一般的な調理法である。そして、アイルランドはバター、アイスクリームが格別においしい。デザートは、たとえば、ブラウニーのチョコはリッチで、甘くないしっかりとした生クリームがふんだんに盛りつけられる。レストランの食事も「あたり」が多い気がするが、友人宅でご馳走になるふだんの家庭料理もシンプルでおいしい。コーク大学の学生食堂は、全体として日本の学食よりも満足感が高い。

アイルランドを旅行するときにはB＆B（bed and breakfast 朝食付きの宿）もいい。アイリッシュブレックファーストは、イングリッシュブレックファーストと何が違っているかと言えば、アイルランドのほうにはブラックプディングとホワイトプディングがある。イギリスなどではプディングというとまずデザート全般を思い浮かべるが（そういえばライスプディングというデザートもある）、アイルランドの朝食に出てくるのはソーセージに似た別のもので、とくにブラックプディングはとても栄養価が高い。下手な説明をするよりも食べてもらったほうがよくて、食の話をするとつい長くもなってしまうけれど、アイルランドでいいのはお酒だけでもないのです。

さきに述べた、雨がこまめに降る、というのはほんとうにそういうことで、ときどきの長雨でなければ、一日の間にすべての天気がやってくることも少なくない。だから天気予報はそんなにかわりばえしないけれども、地元の人はそれでもちゃんと予報を聞いて、ラジオからsunshine（晴天）と聞こえればうんうんと頷き、地図に浮かぶ晴れマークはほかの国よりも陽気にみえる。ある夏アイルランドで開催された社会言語学の学会ではプログラム冊子とともに配られた学会バッグに緑の折りたたみ傘が入っていて心愉しくなった。雨が多いからときどきの晴れ間がとても貴重で、そんなとき、アイルランドの緑はいっそうの輝きを放つ。空気は澄み渡り、遠くのほうでは小鳥がはしゃぎ、緑に残る雨粒は青空を背にきらめく。アイルランドの人はとても上手に、「雨のち晴れのち曇りのち雨」を楽しんでいる。わたしが「今日も雨かぁ」などとこぼせば、「だからアイルランドの緑は特別なのよ」などと返ってくる。雨が育ててくれているもののほうに目を向けて、なるほどアイルランドの人は心のありようも気持ちがいい。

「アイルランドの緑は特別」というのには、アイルランドに通ううちにすんなりと納得してしまう。アイルランドの緑はニュージーランドの緑とも日本の緑とももまた違うような色合いがあるというくらいの特別感がひとつにはあるが、もうひとつ、アイルランドにおいて緑はいわば「自分たちの色」になっているようなところもあるからだ。たとえば、アイルランド共和国のポストは緑。イギリスからの独立を果たしたときに、赤いポストを一斉に緑に塗り替えたのだそうだ。イギリス統治時代に置かれたポストはおでこにイギリスのロイヤルメイルの冠マークがついたまま緑に塗り替えられていると郵便局のホームページにあったが、たしかめてみると、ほんとうに冠の刻印が残っていた。

アイルランドの緑でいちばん驚いたのは、三月十七日の聖パトリックの日の綿菓子。友人が教えてくれたとおり、緑を身につけて、シャムロック（クローバー）の飾りをつけて、パレードを見にいったときの、綿菓子の緑。聖パトリックはアイルランドにキリスト教（カトリック）を広めたアイルランドの守護聖人で、三月十七日は聖パトリックの命日にあたる。この特別な日はどこの町でも、パレードが行われ、町中がアイルランド色に染まる。ほとんど緑、そしてアイルランドの国旗の白とオレンジ。

通りにはパレードの観客。顔にペインティングをした人たち、妖精の羽をつけて肩車してもらう少女。アイルランドでは、クリスマスカードのように、聖パトリックの日にカードを送る習慣もある。妖精とシャムロック、聖パトリック、ときに黒顔の羊のかわいいデザインの素敵なカードがアイルランドから届く。

ほんのすこしの、国、街案内

アイルランド島は北をイギリス、南をアイルランド共和国と国を分かつ。言葉にしてしまえばそれだけのことであるが、ひとつの島が南北で別々の国に属するということは、そうしなくてはならない歴史があったということである。北海道よりすこし大きいくらいの島の北と南が別の国であるということはそこにはなんらかの緊張があるということでもあり、行政のみならず、街の景観にもわかりやすい違いがでる。わたしが通い慣れているのは南の共和国のほうだが、イギリスにも長期・短期、何度か滞在したことがある。北アイルランドを旅したときには、気候的風土や、とくに都市部以外でのふつうの建物の雰囲気はアイルランド島のそれなのに、たとえば、郵便ポストが赤く、看板や公共のものがブリテン島のロンドンで見るものと同じであることにしばらくなじめなかった。それはもちろん北アイルランドがイギリスに属しているのだから当然なのだということが頭では理解できていても、南のアイルランドに慣れ親しんだ脳ではなかなか状況を飲み込んでくれないという感じである。

アイルランド共和国の首都はダブリン。ここにはおおよそ人口の四分の一が住む。郊外を含めれば、ダブリンは百万人都市である。街はいつも忙しく、最近は観光客も絶えない。オコンネル通りからトリニティカレッジ前の通り、そしてグラフトン通り、そしてスティーブンズ・グリーンとよばれる公園まで、街の中心部はいつも活気であふれている。通りはタクシーも多くて、日本車に出会う確率も高い。ダブリンは中心部から北側に奇数、南に偶数という形で、ダブリン1、ダブリン2と昇順に行政区画がふられている。ダブリン1はアイルランドの中枢の機関が集まるところ、ダブリン2はトリニティカレッジ(Trinity College Dublin)からオフィス街、運河を通るあたり。通りを行き交う人はコーヒーを片手に早足。そこからさらにバゴット・ストーリートを上がっていけばダブリン4に入る。ダブリン4はアイルランドの「知的エリート」の住むところとイメージされ、日本のＮＨＫにあたる放送局のＲＴＥ、アイルランドでもっとも規模の大きい大学ＵＣＤ(University College Dublin)もこの地区にある。

ダブリンで旅行者に人気のスポット、アイルランド最古の大学トリニティカレッジの『ケルズの書』の展示はいつも列を作っている。トリニティカレッジの図書館は荘厳な雰囲気で、奥には手書きの原稿が保管されている部屋もある。以前その部屋の静寂のなかで、飢饉でアメリカに渡ったアイルランド人の移民の手紙に白手袋で触れたときは、そのインクの文字を目の前にして、書いた人のこころが甦るような時間をすごした。世界に図書館はたくさんあるけれど、高さのある、あの本棚の空間は特別なものがある。

第二の都市はコーク。第二といっても中心部の人口はおよそ十二万人で、ダブリンの人口の八分の一ほどである。郊外を合わせるなら人口規模は山形市くらいだったと記憶している。地図では、ダブリンから南に下った、海岸沿いから川の入江にある都市である。自分が初めて留学した街は、身内びいきみたいなものでついたくさん紹介したくなるが、町の大きさがちょうどよくて、お店やカフェやパブの感じがよくて、人々もなんだか明るい。コークは二〇〇五年に「欧州文化首都」に選ばれ、街の整備がすすんでさらに開けた印象がある。

二〇一一年五月にはエリザベス女王が「イングリッシュマーケット」を来訪して、コークの人々の歓迎を受けた。過去の壮絶な歴史があるだけに、イギリス女王の来訪とアイルランドの人々の歓迎は大きな意味をもつ。イングリッシュマーケットは一七八八年に町を支配していたプロテスタント（すなわち「イングリッシュ」）によって創設され、以来アイルランドのさまざまな歴史をそこに集まる人と食べものとともに見てきたのかもしれない。日本で言えば、京都の錦市場のような感じだろうか（錦市場は四百年の歴史というからもっと古い）。イングリッシュマーケットは店の数はさほど多くないが、地元のよい食材と世界のいいものがやってくる。二〇一一年の夏にコークに滞在したときには「クイーン来訪」が友人それぞれに開口一番に教えてくれるニュースで、イングリッシュマーケットの天井には数メートルおきに、さわやかなエメラルドグリーン（アイルランド色！）のスーツに身を包んだエリザベス女王の笑顔をとらえたポスターが飾ってあった。女王はコークの人のこころをつかんで、アイルランドとの友好を象徴的なものにして帰っていった。

街を順に紹介するとなると、つぎはゴルウェイだろうか。そこから北の沿岸部にかけては、主要なアイルランド語使用地域「ゲールタハト（Gaeltacht）」がある。ゴルウェイは魚介類がおいしいことで知られる。アイルランド北西部のコネマラ地方は湿地帯が広がる。わたしが訪ねるときにはいつもうす曇りのお天気だったためか、どんよりと静かな印象であり、イェイツがコネマラ地方スライゴの出身だと知れば、なるほど妖精がいるのかもしれないと思う。

アイルランドは一九六〇年以降、急速に都市化が進んだのだが、いくつかの都市を除けば、多くはちいさな町(town)があって、その中心にパブと教会といくつかのちいさなお店が並ぶといった景観である。アイルランドを訪ねるときには、ぜひ時間をゆっくりとって、とおせっかいな助言をしてしまいそう。というのも、古き良きアイルランドは、クロムウェル統治時代の政策も関係して、やはり西に残っているし、西海岸のアラン諸島などを訪れたいばあいには、お天気とフェリーの都合もある。また、アイルランドの鉄道はダブリンを中心とするネットワークなので、車がないと周遊しにくい。列車の車窓にかわるがわる現れる目近の牛や馬や羊、バスや車から見える緑の丘に群れをなす彼らを見ていたら、時間はたっぷりほしくなるだろうし、現地の人と話していたら、その町でしばらくすごしたくなるかもしれないし、パブで今夜演奏があると聞けばそのまま夜まですごしたくなるもの。アイルランドですごす時間はせかせかとした旅程にはなじまない。アイルランドの旅は現地の人とのふれあいでこそ味わい深くなるにちがいない。

パブで耳を傾けて

アイルランドにパブは欠かせない。パブはパブリック・ハウスすなわち公共の舎《いえ》、地域の話題が集まる場所である。先日、大学の英語関係の授業でアイルランド留学帰りの学生がアイリッシュパブについて発表した。その視点は新鮮で、短い発表のなかに、上手にアイルランドの特質をとらえていた。彼はアイルランドのパブがとても気に入って、滞在中にたくさん通ったそうである。アイルランドの人々がパブに入って互いに、「どうだい？ なにかあったか？（What's the craic? What's the story?）」と親しげに話しかけるところに、アイルランドらしさを見つけたようだった。わたしのアイルランドの友人は、「すぐに何があったか聞いてしまうから、私たちは知りたがり（nosy）に思われるかな」などと言うけれど、じつはそれにはずいぶん助けられてきた。挨拶ついでに相手のことを気にかけて、そこから会話が始まって、ちいさな喜びはおおきく弾け、ちいさな心配事は話しているうちになにが心配事だったかがわからなくなるほどに解けていく。アイルランドの人たちのWhat's the craic? は素晴らしい知恵である。

アイルランド留学帰りの先ほどの学生もまたアイルランドの話しかたを身につけていた。パブでギネスを注いでくれるご主人に「アイルランドのパブとイギリスのパブは何が違うのか」と尋ねたら、「アイルランドのパブにはクラックがある」と返ってきたという。「クラック（craic）」とはアイルランド英語で「楽しみ」の意味である。アイルランドの人たちにとってcraicはアイルランドらしさを感じる、ちょっと特別な語である（詳しくは第四章「文法形式や語彙に対する意識」）。「クラック」にはおもしろいエピソードがあって、アイルランドの友人が観光客から名所を尋ねられたとき、「パブにはcraicがあるから行くといい」と言ったら、そのアメリカ人女性たちは変な顔をして遠ざかっていったという。アメリカ英語の俗語で発音の同じ「クラック（crack）」はコカインの意味であるから奇異に思われたのだろうと、教えたほうのアイルランド人は振り返っていた。アイルランドのことを知りたければ、パブに行って「アイルランドの楽しみ＝クラック」に触れてみるのがいい、というアドバイスはじつに的を射ているのだけれど。

パブは地元の人の交流の場であるから、町のことを知るにも、人々の話をきくにも絶好の場所である。言語学を始めた頃には、どきどきしながらそんなアイルランドのパブに入り、人々の話すことばに耳を傾けた。パブでは、アイルランドの発音の癖を耳になじませたのと、白い泡の際立つ黒いギネスや琥珀色のマーフィーズ(コークの地ビール)をたしなんだのが、同じくらい。

それから二年ほど経った頃、その町に滞在すれば毎日数時間はすごすパブができた。きっかけは、アイルランドの地元の英語で書くことでも有名なジョン・B・キーン(John B. Keane, 1928–2002)という作家を知ったことだった。わたしがアイルランド英語を研究の中心にすると決めた年の五月に、その作家はなくなっていた。彼を追悼する空気がアイルランドの街や書店にあって、わたしがアイルランドで話される英語に興味をもっていることを知った友人や町の人がこぞって教えてくれたのが、ジョン・B・キーンだった。その夏、わたしはできるかぎり多く彼の作品を買い集め、日本に持ち帰った。彼の文章に出てくる特徴的な表現を目に留まるままにパソコンに打ち込み、アイルランド英語の輪郭をつかもうとした。そうするうちに、その場に行かずにいられなくなってくる。コークの友人のつよい勧めもあって、つぎの夏に、その作家が暮らした町、リストールに向かった(第四章「コミュニティに入る」)。

アイルランド南西部ケリー県、リストール、ウィリアム通り三十七番地。ジョン・Bのパブはリストールの街の真ん中にある。店の名前は彼の名前のJohn B。町の人、友人は親しみをこめて、敬意さえこめて、彼のことをジョン・Bとよぶ。一九五九年に劇作『サイヴ』を発表して以降、出版されているだけで十あまりの劇作、小説、書簡体小説、詩作、随筆など、多岐にわたって数多くの作品を残している。なかでも、アイルランドの人の土地への情熱をテーマにした作品『土地』は一九九〇年代にハリウッドで映画化され、話題をよんだ。植民地支配の歴史があり、農地は生きることに直接に関わるものであるから、アイルランドの人の土地所有への思いは強い。

ジョン・B・キーンはパブに集う人々のことばに日々耳を傾け、土地の人々とその生活、そして人々の生きる姿を作品のなかに描く。日中はパブに立ち、訪ねる客との会話を楽しみ、独特のウィットのきいたユーモアで人々を笑わせた。キーンが執筆にあてたのはパブの閉店後の時間。パブの二階、通りに面した自室にこもって夜明けまで書いていたのだと、妻のメアリ・キーン（Mary Keane, 1929-2015）から聞いた。メアリは早くからジョン・Bの才能に気づき、執筆を励まし、彼の作品がアイルランドでもっとも輝くアビー劇場で上演されるように力を尽くした。ジョン・B作品が世に出るところに、そして多くの劇団によって上演され、数カ国語に翻訳されるまでになったところに、妻メアリの支えがあったことは、アイルランドで放送されたテレビ番組、アイリッシュ・タイムズの新聞記事などを通しても、一般に知られているところである。彼の作品はいまもアビー劇場やゲイティ劇場で上演され続け、ときに地方公演もあり、アイルランドの人々に愛されている。

わたしは生前のジョン・Bに会ったことはない。メアリが話すジョン・B、パブの人たちが教えてくれるジョン・Bの人柄、そしてその作品から、彼を自分のなかにイメージしてきた。地域の人や生活のそのままを、そのままのことばで書いたジョン・Bを、自分たちのことばにアイルランド語の水脈を感じとっていたジョン・Bを、感じとる。ジョン・Bがなくなって十五年近い今でも、彼や彼の家族を慕う人々がパブに集う。そしてまたアイルランドのあちこちから人が訪れる。週末の夜には楽器の生演奏や歌、ときに演劇や詩の朗読が披露され、さいごにはみんな輪になって肩を組んでうたう。ジョン・Bが好きだった歌、そのパブではおなじみの地域の歌が地元のミュージシャンの弾き語りで聴ける。グラスを手に、すこしシャイに、それでも大声で、笑顔で、生き生きと交わされることばが、アイルランドの豊かな表現を生んできたのかもしれない。

English words, but the accent is Irish（英語の言葉、だが口調はアイルランド語）とジョン・Bが表現しているように、アイルランドの、とくにケリーを含む南西部の人たちは自分たちのことばのなかにアイルランド語の息づかいを意識していることが少なくない。アイルランドの人が話す英語の音の特徴をイギリス英語との違いでいえば、舌先を歯の裏側につけて発音するtとdの音があったり、イギリス英語では区別されないwとwhの対立（たとえば、「魔女」の意味を表すwitchと「どちら」の意味を表すwhichの初頭子音の区別）がある。アイルランドの英語はその奥深い響きが特徴的である。母音の音色が奥まった印象で、唇を少し丸めて、Irishは「オイリッシュ」に近い音にきこえる。たとえば、bird（鳥）は「ブワァー（ド）ュ」と、[b]の音は息を強めに放って、母音は舌を奥に引いて、[r]をきちんと響かせて、最後の[d]のところですこし柔らかくなり、無声化して着地するような発音になる。

第四章のさいごの節でアイルランド英語の語彙と文法形式に対する話者の意識をみていくが、アイルランドの人々は音の特徴にも自分たちらしさを感じていることが少なくない。アイルランド語から引き継いだ発音上の「くせ」が現代のアイルランド英語に残っていて、話者自身もそのように感じていることが興味深い。

その土地で感じる文化

わたしは大学の四年間は国際文化学部だったから、講義のなかで「文化」という言葉に触れる機会は多く、アメリカ文化、イギリス文化、ヨーロッパ文化などといった地域文化論、文化人類学の授業できくパプアニューギニアの話にわくわくし、レヴィ＝ストロースに頷いた。それでも、文化についてなにかよく分かっていたかというと、そんなに自信がない。そんなときに、アイルランドに留学して、アイルランドから日本を眺め、日本に戻って帰国直後の自分の言動や感じかたに、なるほど、自分はそういう文化のなかにいるのだなと気づいたことがある。わたしのばあい、日本の外に出て、自分の五感をとおしてはじめて、自文化をすこし感じ取れるようなところがあったのかもしれなかった。

文化は真正面から定義しようとするととらえどころがないのだが、文化の違い、多様な文化などというときの「文化」とは、その土地に根づいたものの見方や価値観であり、またそこから生まれる、その土壌の「―らしさ」を作り出しているものとしてとらえられる。ある場所において人が生活を営むとき、そこには特定の環境に適応するために、言語、行動様式、習慣、慣習、さまざまな道具や創作物が時間をかけて育まれる。その総体を、あるいはそのような目に見える形のものをつくりだしているおおもとを、私たちは文化だと感じるのではなかろうか。

わたしが一瞬で、「あ、文化ってそういうことか」と感じとった気がしたのは数年前、日本のＪＲにあたるアイルランド鉄道のポスターの文字を目にしたときだった。ポスターはアイルランド語と英語の二言語表記になっていて、「時間通り（punctuality）」の下に「十分以内」とある。

「時間通りが、十分以内?」と、思わずつっこんでしまう。電車の時刻が一分よりも細かい単位で正確に運行されている日本ではとても考えられない「時間通り」の定義である。列車が時刻表通りに運行しなかったり、変更が生じても何事もなかったかのようにホームを出るのはほかの国にもよくあることだから、日本が変わっているのか、ちょっと凄いのかもしれないが、異文化を自文化との差異においてひとまず感じる、このような具体的体験は、文化をときほぐす糸口になりそうだ。

文化は言語と密接に結びついている。ある特定の言語コミュニティに属するということは、言語能力の共有だけでなく、言語使用に関する規範を共有し、ひろくは文化の共有までを含む。そのような文化は、フィールドに出て土地の空気を吸うことで感じ、分かってくるものなのかもしれない。文化はその具体的なところでは、前提となる知識ないし感覚の共有/非共有という形であらわれる。あるところの常識が別のところでは非常識になり、あるところの常識と別のところの常識がちがっているという形で、可視化される。そのちがいのでこぼこには個別の文化を考える手がかりがおおいにひそんでいるように思われる。

Ⅱ 自分たちのことば

アイルランドの二つの言語

アイルランド共和国では、たとえば、道路標識はアイルランド語と英語の両方で書かれている。手のひらサイズで読める憲法のブックレットは、見開きの左頁が英語、右頁がアイルランド語の形式である。列車に乗れば、車両にある電子案内板には、まずアイルランド語、つづいて英語が流れる。「つぎはトラリー」などという車内アナウンスも両方でなされる。公共機関の刊行物の内容は二つの言語で読める。

現代のアイルランドでは、日々のコミュニケーション言語の主流は英語——こだわって言うならばアイルランド英語(Hiberno-English)——であるが、アイルランド共和国憲法第八条にはアイルランド語が国語(national language)であり第一公用語であること、英語が第二公用語であることが記され、アイルランドの人々にもそのように認識されている。しかしながら、アイルランドの多くの地域、コミュニティで日常的に話されるのは、英語であり、アイルランド語は現在では多くのアイルランド人にとって、学校で学ぶ言語である。アイルランドにはもはやアイルランド語だけを話す者はいない。

実際的なアイルランド語使用がそのように限られたものであることはたしかだが、現在のアイルランド社会においてアイルランド語はたいへんに重要な言語である。民族語であるアイルランド語は、重要な職に就くため、ないし公共機関の仕事に就くために必須であり、アイルランド語を習得することはおおいに評価される。第二章で詳しく見ていくが、アイルランドでは人口の98%程度が日常的に話すことばは英語であるが、国は英語とアイルランド語の二言語使用を目指す。アイルランドは二〇一〇年から二〇三〇年までの「二十年戦略」でアイルランド語と英語を話すバイリンガルをできるかぎり増やす計画をたてている(第二章「アイルランド語を守る取り組み」参照)。

アイルランド語は現地では「ゲール語(Gaelic)」とよばれる。本書では、とくに他書に言及するものでないかぎり、言語名として一般的な「アイルランド語(Irish)」を用いる。アイルランド語使用地域「ゲールタハト」とされる地域においても、現在では、アイルランド語を母語とするのは高齢者のみということも少なくない。そのような地域では、親が話すアイルランド語が子どもに引き継がれなくなってしまうということが目の前で起こっている(第二章「いま起こっている言語交替」)。

このゲールタハトの存在は、アイルランド人にとってのアイルランド語を語るうえで欠かせない。巻頭の地図で濃く表示した地域がゲールタハトであり、北から順に、ドネゴール、メイヨー、ゴルウェイ、ケリーの各県(counties)の西岸沿いの地域の一部がその中心にあたり、ほかに、コーク県、ミース県、ウォーターフォード県のごく一部の地域が含まれる。二〇一一年の国勢調査によると、およそ十万人がその地域に居住している。第二章「アイルランド語使用地域の存在」でその実情の一端を描くが、アイルランドにおいてゲールタハトは、そこに行けば「自分たちの言語」をきちんと話している人がいるという安心を与える存在である。アイルランド語保持への取り組みは国家的な政策でもあるが、それ以上に、アイルランド語を話す地域のあることはアイルランド国民の精神的支柱になっている。

アイルランド語を話しますか

二〇一一年の国勢調査によると、アイルランド語話者はおよそ177万人。三歳以上の人口の40.6%にあたる。これは「アイルランド語が話せますか」という質問の二つの選択肢「はい/いいえ」に「はい」と答えた人の割合である。話せると答えた人に対しては、さらに回答を求める問い「アイルランド語を話しますか」が設けられている。アイルランド語を話す頻度を尋ねるもので、選択肢は

「教育の場で毎日」「教育の場以外で毎日」「週に一度くらい」「あまり話さない」「一切話さない」の五つである。

当然のことながら、国勢調査は回答者の主観的判断に基づく報告がデータとなるので、そのことを頭において数字を見る必要はあるのだが、回答結果の内訳からアイルランド語使用の実態が見えてくる。アイルランド語使用を支えているのは五歳から十八歳までの就学者層で、そのほとんどが「アイルランド語を教育の場でのみ使用」する。アイルランドでは、教科のひとつとしてアイルランド語（「ゲール語」）があり、日本の小学校から高等学校にあたる一般の学校で国語として教えられている。国勢調査の統計によれば、毎日使用する人のうちの25・4％が三歳から十八歳。十八歳以降ではアイルランド語使用者の人口が急激に減り、使用者のほとんどが「あまり話さない」と答えている。アイルランド語を教育の場以外で毎日使用する人は7・7万人。これは三歳以上の人口の1・8％にすぎない。全年齢層にわたって均等にいることから、国内の限られた地域に住むごく限られたコミュニティではアイルランド語が生活の言語として話されているということが読み取れる。

ちなみに言語に関する調査項目では、二〇一一年の国勢調査から「家庭で英語またはアイルランド語以外の言語を話しますか」という質問も加わった。これは国外からの移住者の増加を受けたもので、国の人口の83％がアイルランド生まれで、そのほかに、イングランド、ウェールズ、ついで、ポーランド、北アイルランド、リトアニアといった国や地域で生まれた人もアイルランドの人口を構成している。アイルランドではとくにユーロの導入とそれに続く経済成長、いわゆる「ケルトの虎」以降、ポーランドを中心としたヨーロッパ諸国からの短期滞在を含む移住が増加している。また小学校などでもさまざまな言語文化的背景をもつ児童・生徒がずいぶん増えたと聞く。アイルランドの言語を取り巻く状況も日々複雑化している。

国勢調査の「アイルランド語が話せますか」という質問は、たんに自分の能力を自分がどう思うか以上のことを問う。アイルランドにおいて国の言語、民族の言語とされていることばを話せるかどうかは、本質的にはアイデンティティの問いであるのかもしれない。とりわけ、「話せるけれども、まったく話さない」という回答のありうる調査票をみればその様相は色濃くなる。自分のなかのアイルランドという属性を強く意識する者にとっては、アイルランド語はアイルランド国民として話せなければならないもの、あるいは、アイルランド国民である以上、話す努力をする姿勢が期待されるものである。それゆえ、このような質問はなかなかセンシティブであるし、その回答の数字が何を表しているかについては、よくよく考えなければならない。

母語になれない、母なることば——言語能力と気持ちのねじれ

話したい気持ちがあるのに、話せない。これはたとえば、日本の英語学習者にもあることで、英米語学科の学生の多くは「英語は好きだけど得意ではない」などと言う。謙虚とも言えるが、おそらくそれ以上に自信がない。自信がもてるような確実な英語学習ができていないのかもしれないし、自分の母語ではない言語、直観がきかない言語にそうそう自信がもてるということはないのかもしれない。とはいえ、私たちの多くは英語を、外国語あるいは国際語として、学びはじめる。ここにおいて英語は、自分にとっていわば距離のある言語であり、たとえば話せないことに責任など感じなくてもよい。

ところが、アイルランド人にとって、アイルランド語はそうはいかない。「アイルランド語は美しいことばだけれども自分は話せません」とアイルランド人が言うとき、その切実さは果てしない。「恥ずかしいけれど、私はアイルランド語が上手ではありません」と、恥ずかしさの前置きを置かなくてはならない事情がある。「民族」が言語と結びつくとき、その言語のもつ意味はとたんに重くなる。アイルランドの人々の多くは、「自分たちのことば」であるところのアイルランド語が話せない。民族のことば、自分の国でもっとも話されることばが自分の母語ではないということが、心に負荷をかけるようにみえる。

母語は「人間が生まれてから一定期間触れていることによって自然に身についた言語」（大津由紀雄、明海大学「英語学概論」の講義より）の意味で用いるのがふつうである。ところが、アイルランドにおいては、「母語」が話者の意識において、もうひとつの意味、すなわち「母なることば」の意味をもつことを考えに入れておく必要がある。

アイルランドに暮らす人は、アイルランド語を言い表すのに、ときに「私たちの母語」と言うことがある。とはいえ、実際には母語話者としての話す能力があるわけではないことが多いから、その意味合いは「私たちの母なることば」に近いものになるのかもしれない。つぎにあげるのは、アイルランド人がアイルランド語のことを言い表す言葉である。これらは一九九九年のアンケートの自由記述欄から網羅的に集め、その多くを占める「私たちの（our）」で始まる語句を取り出したものである。

私たちのほんとうの言語 our true language

私たちの国のことば our national tongue
私たちの土着の言語 our native language
私たちの土着のことば our native tongue
私たち自身の言語 our own language
私たちの言語 OUR language
私たちの母語／母なることば our mother tongue
私たちの本来の土着の言語 our original native language

一般にアイルランド人は英語のネイティブ・スピーカーないし母語話者とされるが、アイルランドのネイティブ言語、土着のことばはアイルランド語なのである。言語能力と言語をめぐるアイデンティティに、いわばねじれが生じている状態にある。「母なることば」が母語ではない。

こう書きながら、『たった一つの、私のものではない言葉——他者の単一言語使用』（二〇〇一年、守中高明訳）という、ジャック・デリダ（一九三〇－二〇〇四）の本のタイトルを思い出した。デリダはフランス植民地下のアルジェリアでユダヤ系両親のもとに生まれた。言語をめぐるデリダの思考は、みずからの出自をこえて、言語が普遍的、本質的にもつ、言語的主体からの分離、非帰属性をも問うものであるが、「私はひとつの言語しかもっていない、ところがそれは私の言語ではない」という言語をめぐる経験は、ポストコロニアルに生きる人々の母語の非帰属性とアイデンティティの問題を明るみに出す。ほかの誰かのことばを話す自分は何者なのか。アイルランド人はアイルランドにおいてマジヨリティであっても、彼らの言語体験もここに重なるのであろうか。それともその言語的疎外感や悲しみを乗り越えて、あるいは麻痺させて、ことばは道具だと割り切って、英語をもって生きているのであろうか。

英語が母語であるという恵みを享受しながら、アイルランド語を「自分たちのことば」として誇示しながら現代を生きているアイルランド人――こうしたとらえかたは、水村美苗の『増補　日本語が亡びるとき――英語の世紀の中で』（二〇一五年）にうかがえる。日本語が国語として機能するこれまでの過程の詳細を文学にたいする独自の分析とあわせて描き、日本における英語のありかたを考えさせてくれる。力強く、魂をこめて語られる文章に、読みごたえの弾力はふつうではない。

水村は、その一節で、『想像の共同体』で知られるベネディクト・アンダーソンがアイルランド人の父とイギリス人の母の間に生まれアイルランドの国籍をもつということに触れて、アイルランドのバイリンガリズムについて述べている。「アイルランドは、最終目標として、二重言語国家を目指しているのであって、英語を捨て、アイルランド語を国民の〈母語〉にしようとしているのではない」（151頁）ことを確認したうえで、つぎのように語る。

思うに、アイルランドの自国語保護政策は世界で一番贅沢なものである。宮殿に住んでいる人間が、庭の隅に茅葺きの苫屋《とまや》を建て、そこで風流な生活をして心の安らぎを見いだすようなものである。（151頁）

わたしはこれを読んで、複雑な気持ちになる。彼らはそんなにも心の安定を得ているだろうか、少なくとも、自分たちの言語に関して、自分たちの民族的アイデンティティにおいて。あるいは、英語を手に入れて、時間が流れ、暮らしが豊かになった今になって、都合よく、あるいはやや懐古的に、自分たちが失ったものを嘆くことによって自分たちの帰属意識をよび覚ましているというのだろうか。「宮殿に住んでいる人間が、庭の隅に茅葺きの苫屋を建て、そこで風流な生活をして心の安らぎを見いだすようなもの」。静かに言葉をなんどもたどってみる。傍目にみればそう映るだろうか。いや、じっさいにそういった側面もあることは否めない。でも、わたしが現地で見てきたことは、そういうものだけではない。現実として、もがいている人たちがいる。ことばをめぐる人々の態度と感情、とくにゲールタハトの実態(第二章「アイルランド語使用地域の存在」参照)に触れるとき、アイルランドの人々が贅沢をしているようにはどうしても思えないのである。

アイルランド語でつながる祖先

ショーン・オフェイロンの『アイルランド　歴史と風土』(一九九七年、橋本槙矩訳。原書は一九四七年初版、翻訳は一九六九年改訂版による)は、アイルランドの歴史、とくにアイルランドにおける英語文学の起こりとその背景について多くを教えてくれる。著者オフェイロン(一九〇〇－一九九一)はコークの生まれで、コーク大学に通ったというから、彼が歩いたであろう町や大学の通りをわたしは想像することができる。彼の育った時代的背景については第二章で述べるとして、ここでは、オフェイロンがアイルランド語(ゲール語)で残る平民の伝承の真価について述べているところを見ておきたい。アイルランド語の伝承が、民族の意識下では大地の鼓動のように生きていると語る部分である。

減少し続けている少数者だけがゲール語で考えることができるが、私たち誰もがゲール語を通じてふだん忘れている自分たちの埋もれた部分にかすかに触れることができる。ゲール語を通じて私たちは祖先を思い出し、再び若くなり、また年をとる。（208頁）

ゲール語でつながる祖先。このことは内田樹の「僕たちは死者たちと母語を共有している」という視点を思い出させる。内田は英語教育をめぐる対談のなかで、イギリス人やアメリカ人などが母語を国際共通語にすることで得ている、英語話者たちの利点に触れて、母語話者であればひとこと語るごとにそこに連なる祖先たちの思考や感情を参照してその文化を背景に利用できるというところに目を向けさせる（対談　内田樹×鳥飼玖美子「悲しき英語教育」江利川春雄ほか『学校英語教育は何のため？』二〇一四年、106－110頁）。たとえば、いま日本語で書いているときにこの日本語を共有している相手は、いま生きている日本語話者ないし読者に限らず、千五百年前から日本列島でことばを話し書き読んでいたすべての人たちと母語を部分的に共有しているという観点である。さらに、母語話者はそこに自由な「遊び」を加えることができる。自分の感じたまま考えるままをできるだけ正確に伝えようとして瞬時に、あるいは自分らしさを表現しようとして柔軟に、少しの型破りをすることもできる。ところが、母語でないばあいには、その正統性が保証されない。「遊び」はつねに、「学習者の間違い」として棄却される危険にさらされている。

「自母語の共有者としての死者たちとコミュニケーションができる」ことを母語運用能力の本質としてとらえ、国際語である英語を母語とする英語話者のもつ特権性に切り込む内田の議論は、日本の英語教育の中身、すなわち何をどのような方法で教えるかといったことを考えるときに重要な示唆を与えるだろう。ある言語を母語として話すということは、母語話者だけが利用できる、その言語に特有の文化的背景を持つということである。翻ってアイルランド語を思えば、アイルランド語使用地域に暮らす話者がインタビューで語ってくれたことにつきあたる。

> アイルランドの人々、コミュニティの経験はすべてそのアイルランド語に隠されている。そのことばをわれわれが失くしてしまえば、自分たちの過去や経験とのつながりを失くしてしまうように感じる。土地の風景、自然とのつながりを失くしてしまうんだよ。（第二章「いま起こっている言語交替」参照）

自分の娘は英語で育ったという、まさにみずからも言語交替のただなかにある、アイルランド語と英語の二言語話者の実感としてこのような言葉が語られるとき、そこにあるのは緊迫したリアリティそのものである。

英語を手に入れた幸せと不幸せ

はたして、英語を手に入れたことはアイルランド人にとって幸せだったのであろうか。英語で語ることによって広がる世界があったことにちがいはない。もしもジョイスがアイルランド語で小説を書いたなら、現代になっても世界中で読まれるというようなことはなかったのかもしれない。アイルランドで育まれた知性と感性、あるいは当時の植民地支配という歴史的背景のもとでの接触と混交によって醸成された文化的な知が、これほどまでに世界に知られることはなかったであろう。

ふたたび、オフェイロンに、英語が入ってきたアイルランドについての理解の手がかりを求めよう。

文学を取り巻く生活、歴史のようなものを含めてあらゆるものが文学を生み出す土壌を作る。アイルランドの英語文学は、先祖の記憶、数世紀にわたる痛ましい政治闘争、冷酷な永い植民地支配によってもたらされた血と才能の混合、絶えざる海外移住・帰国から生まれる知的輸血、ゲール文化のアイルランドに課せられた英語と英文学の傑作（英語はアイルランドの作家に広い読者層を与え、英文学は様々な文体の実例を与えた）などから生まれた。愛国主義者にとってはこれは幸運の外見を装った油断のならない贈物のように見えるにちがいない。歴史家にとっては両者である。すべての歴史はそういうものである。（223–224頁）

オフェイロンが「絶えざる海外移住・帰国から生まれる知的輸血」について語るとき、そこには、ジョナサン・スウィフト（一六六七–一七四五）やオリヴァー・ゴールドスミス（一七三〇–一七七四）のロンドンへの移住、ジョージ・ムーア（一八五二–一九三三）のメイヨーからパリへの移住がある。そうしたアイルランド生まれの作家の流れにあって、人生の半分近くをアイルランドの外で過ごしたウィリアム・バトラー・イェイツ（一八六五–一九三九）、ジェイムズ・ジョイス（一八八二–一九四一年）というアイルランドにおける英語文学の二大巨匠が生まれ、さらにジョン・ミリントン・シング（一八七一–一九〇九）、ショーン・オケーシー（一八八〇–一九六四）が現れる。

植民地経験という困難を経てアイルランドは、英語を手に入れ、文学的土壌の新たな熟成をみたのかもしれなかった。アイルランド語は、ラテン語についで古く、もっとも長大ですぐれた文書を世に送り出したヨーロッパ言語であって、ローマ帝国の影響を受けずに古代ケルト人から直接受け継がれた言語文化がアイルランドにおいてのみ生き続けたのである（テリー・イーグルトン『とびきり可笑しなアイルランド百科』二〇〇二年、54頁）。そのようなアイルランドの地に英語が入り、こんどは英語によって世界に読まれる文学が誕生する。ポストコロニアルの英語文学は今ではめずらしいことではない。世界の多くの地域に英語がかくも浸透している現在、現地のことばではなく英語で書く作家は多くいて、なかにはノーベル文学賞をとる作家まであらわれているが、そのはしりはアイルランドに見られるかもしれない。

オフェイロンが、愛国主義者には英語と英文学が「幸運の外見を装った油断のならない贈物」に、歴史家には「幸運と不幸をもたらすもの」に映ることを述べ、またアイルランドの友人が、「言語交替には良い面と悪い面があってね」と言うように、アイルランドへの英語の移入は幸せと不幸せが合わせ鏡になったようなところがある。「自分たちの文化をすこし失ったけど、世界のほとんどが話す言語への移行は長い目でみれば利益がある」（二〇一五年アンケート記入コメントより。第二章「順位づけされる言語」参照）といったように、アイルランド語に裏打ちされた文化の一部とひきかえに英語がもたらす利益を得たのかもしれなかった。そしてまた、「幸運の外見を装った油断のならない贈物」を受け取ったひとつの結果を、現代のアイルランドを生きる人々のアイルランド語への思いのなかに私たちは見るのかもしれない（第三章）。

のであろうか。

自分たちのことばはアイルランド語

現代を生きるアイルランドの人々は、自分たちのことばが替わったことに対してどのような思いを抱いているのだろうか。また、アイルランド語および英語に対してどのようなとらえかたをしているのであろうか。

ここでは二〇一五年におこなったアンケート調査の一部を紹介しながら、アイルランドの人々の言語観に触れておきたい。二〇一五年のアンケートの協力者にはアイルランド語使用地域の人からの回答が含まれる。第三章で紹介するが、このアンケートの質問項目はわたしが学部生時代に「言語とアイデンティティ」というテーマで卒業論文に取り組んだときに、最初に作成したものである。アンケートには協力者の考えやさまざまな思いが記入され、そのすべてはアイルランドに生きる人の言語に関する意識や態度を知る貴重な手がかりになった。十五年以上経った現在、アイルランドの人々の言語観の変わった部分、変わらない部分を知るために、同一の質問項目で協力をいただいた。そこには「あなたはなぜ日常生活でアイルランド語ではなく英語を話しているのですか」という質問まで含まれている。いまではとても訊けないような、不躾な質問であるが、その答えは多くのことを教えてくれた。この質問への回答をひとつここで紹介したい。

アイルランド語を話すためにはどんな努力もしています――いまアイルランド語使用地域に住んでいて、アイルランド語を学んでいるんです。英語がアイルランドの第一言語であるということに一度たりとも正しいと感じたことはありません。自分のネイティブの言語で流暢に話せないことを私は悲しく思っています。その傷はアイルランド人の魂の奥深くにあります（私の偏った見方ですが）。（五十－七十歳、女性、元精神科医）

アンケート用紙に書かれた文字を前に、この方が自分の言語に対して抱いている違和感に思いをめぐらせてみる。この方にとって英語はイングランドに属していて、自分の話している英語にはアイルランド語の言葉が含まれているから「アイルランド英語」のほうが「英語」よりも自分のことばを表すのにふさわしいと考えている。さらに、「英語で文法的な間違いとなるものがアイルランド語ではそうならない」と、コメントを添える。自分のネイティブの言語（my native language）がアイルランド語であり、英語はイングランドのものであるという認識をもっている彼女が、英語を話して日常をすごすという感覚はどのようなものか。「よそもの」のことばを、せめて「アイルランド英語」という形で自分のものとして話すといった感覚なのであろうか。

事実、この回答者に限った話ではなく、英語はアイルランド人にとってはときに「外国の（foreign）」といった感覚を抱かせるものである。第三章でみる一九九九年のアンケート結果では、「英語は誰のものか」という質問に対して、「ユニバーサルな英語」観（すなわち、「話者なら誰でも」「（学習者も含めて）話したいと思っている人なら誰でも」「誰のものでもない」）を示すものが64・0％、イギリス（人）に属すると答えた者が22・3％、我々アイルランド人と答えたものが1回答であった。この回答傾向の背景には植民地支配の歴史による言語文化の制圧に対する認識がある。

さらに右記の女性のアンケート回答の全体に目を配れば、言語交替に関しては「心がつぶれそう！

(heart breaking!)」と記し、さいごの「なんでもご自由に」の欄には「アイルランド語がアイルランドの第一言語だったらいいのに。他の国と同じようにアイルランドに移り住む人たちも学校でアイルランド語を学ぶか、市民権を得るために基礎的なアイルランド語(basic Irish)を話せることを優先すべきだ」という考えを綴っている。

アイルランド的なありかたのようなもの

アイルランドでおよそ百五十年前から急激に進み、今日でも一部地域で見られる言語交替。現代のアイルランドに生きる人々は、アイルランドに起こった民族語から英語への言語交替をどう受け止めているのか。本書の第三章では現代のアイルランドを生きる人々の言語観について詳しく見ていくが、ここでは、たとえばその言語観にも通底するであろう「アイルランド的なありかたのようなもの」に想いを馳せてみたい。というのも、わたしがときどき手にとる、アイルランドについて書かれたものやアイルランド文学などにも、現在のアイルランド人のことばとアイデンティティを語るのに、共通のことがらがあるのに気づくからである。

とはいえ、アイルランドについて書かれたものの数はけっして少なくはない。日本語で読めるものだけでもずいぶんと数がある。『表象のアイルランド』(一九九七年)を著したテリー・イーグルトンやリチャード・カーニーのような重要な思想家、批評家もいる。そしてまた、文学については日本でもたくさんの翻訳と研究の蓄積がある。ジョイス、イェイツなどの翻訳、文学研究が重厚であることは語るまでもなく、シングを中心とする演劇(『アイルランドの演劇』久保田重芳訳、一九八九年ほか)、オフエイロンの文学（『ショーン・オフェイロン短編小説全集』風呂本武敏監訳、二〇一一年ほか）などに関しても、日本語で楽しめるものがあり、厚みのある研究がなされている。『アイルランド・ケルト文化を学ぶ人のために』（風呂本武敏編、二〇〇九年）、さらに最近出版された『アイルランド文学――その伝統と遺産』（木村正俊編、二〇一四年）の複数の研究者による論考を見ても、日本におけるアイルランド研究の裾野の広さがうかがえる。

わたしは、そのようなアイルランド文学、思想研究の厚みを目の端において、好きな音楽を好きな時間に聞くように、ときにエンヤを聞いたり、U2やクランベリーズのCDをかけたりするように、そのような書物に触れてきた。専門は言語学だからと深入りはせず、あるいはときに禁欲的に、本来自分にとって魅力的に映るものを自分の感性に触れさせることを抑制して、どこか「純粋に」言語だけを見ようと考えたこともある。ところが、やはりここにきて、言語があって、それを話すコミュニティがあって、といったときに、人々の言語意識の背景をも含めて理解したいと願い、その空気感までを感じとることによってはじめて理解できるものごとがあるのだろうと想定するとき、文学に触れ、対話を試みたい衝動にかられてしまう。

けれども、わたしのアイルランド文学や思想への旅は始まったばかり。おおきな花のちいさな花弁のその端にわずかに触れたようなところかもしれないのだが、これまでの濫読から、頭のどこかに残っていた言葉を中心にして、アイルランド英語が生まれた土壌と、アイルランドの人々の言語態度や言語をめぐる意識の背景に通ずる「アイルランド的なありかたのようなもの」について少し考えてみたい。

〈苦い諦念の混じった受容〉

柴田元幸がアメリカ文学とブリティッシュ＝アイリッシュ文学との対照において、ブリティッシュ＝アイリッシュ文学には、「〈いま・ここ〉と折りあおう、歩み寄ろうとする傾向がある」、「人生の限界を(中略)受け容れる」傾向があることを述べている。それに続く文章で柴田が、ジョイスの「死者たち」(『ダブリナーズ』の最終章として収録)に触れて、アイルランド文学には「受け容れるといっても、そこには苦い諦念が混じっている」と書いているところで、はっと思い当たることがあった。この、柴田元幸責任編集の雑誌 *Monkey*(「特集　死者の歌　イギリス・アイルランドの物語」二〇一五年)の冒頭にある編者手書きの文字を読んでいて、「苦い諦念の混じった受容」が現代のアイルランドの人々のアイルランド語から英語への言語交替への態度と重なったのである。

別の書『ブリティッシュ＆アイリッシュ・マスターピース』(二〇一五年)で、柴田は「諦念とともに受け入れる」ということを英文学の一般的傾向として述べているので(255頁)、「苦い諦念の混じった受容」という言葉でもって「アイルランド的」と確認するのには違和感が生じるかもしれないのだが、「アイルランド、スコットランドの文学にはイングランドの圧政に対する反逆、出口の見えない閉塞感といった別の要素が入ってくる」というところまで氏の見解を読めば、ますます、文学にみる「アイルランド的要素」の他との峻別に近づくのかもしれない。あるいは、文学をよく知らない門外漢として、フィールドにいる感覚だけを語るなら、アイルランドとイングランドは、それぞれの土地の人々が互いの違いを感じるように、「英文学」として括るにも、文学を育む土壌の部分、たとえば、土の構成要素や成分のようなものが、違っているのかもしれない。そしてまた、アングロアイリッシュというカテゴリが複雑に絡み合うことにも無頓着ではいられないが、「苦い諦念の混じった受容」はのちに見る、アイルランド人のアイルランド語に対する言語観をひとことで表しているように思われる。

〈リージョナルかつコスモポリタン〉

アイルランド的なありかたのようなものを考えるうえであげておきたいのがこの要素である。「リージョナルかつコスモポリタン」はリチャード・カーニーの言葉(44頁)を参照したものであるが、アイルランドを語るときにこの性質を指摘するものはカーニーに限らない。イーグルトンの『表象のアイルランド』(一九九七年)を読みながら感じていたアイデアでもあり、ジョイスの『ダブリナーズ』(Wordsworth Classics版)のローレンス・デイビスによる解説の「強烈にローカルでいて全体にコスモポリタン(intensely local and broadly cosmopolitan)」(v頁)というところでも目に留まっていた言葉である。

ジョイスはパリからさらにトリエステに移り住んで、アングロアイリッシュよりもさらにいっそう部外者となることにより、真に民衆的な芸術を生み出すことになる。ジョイスは、ケルト文化礼賛者たちが行ったこととは対照的に、複数の文化を均質化することなく同等に扱う。すなわち、アイルランドの民族的特権性のほうは貶《おとし》めながらも、その中心性は強調して、世界に向けて輸出した(イーグルトン『表象のアイルランド』446－447頁)。イギリス統治下からの独立の前段にあるアイルランドにおいて、アイルランド文芸復興運動、ケルト礼賛という民族意識やナショナリズムの高まりがあった一方で、ジョイスやオフェイロンにみるような、対極的な動きがあったことは興味深い。ケルトの固有性を確認する流れがあったうえに、アイルランドを相対化し、より広い文脈に位置づけることの意味はおおきい。そのことによって、アイルランドに普遍性と世界的存在感を与えたのかもしれない。ジョイスにみる「個別の中の普遍」(大澤一九八八年)、そしてそれを立体的な螺旋において実現させていく「極小のなかの極大」(鶴岡一九九七年)。さらに、イーグルトンの引用する「芸術は、最終的にコズモポリタン的なものとなるためには、まずはじめに地方的なものでなければならない」というジョージ・ムーアの『出会いと別れ』の言葉が説得力をもって響く。思想的には本章「フィールドをもつということ」で述べる、「特殊に現れる普遍」にも通ずるところがあるのかもしれず、ますます探究心はつきない。

イェイツとジョイスにとってアイルランドとは何だったのか。本人の言葉として残っているものは、それを知る手がかりになるかもしれない。

イェイツは一八九九年トリニティカレッジ歴史協会で行った講演のなかで、コスモポリタニズムはけっして創造的な力となりえず、それに代わって必要とされるのは真の意味で国民的な文学であると言明したが、講演の終わりに近づいてくると、アイルランドの知性を「単にアイルランドのためではなく、世界のために」表明するという務めについて語ったという(イーグルトン一九九七年、451頁)。イーグルトンはこのようなイェイツの「反語的な」国際主義を、ヨーロッパのナショナリズムにつきまとう局地的なものと包括的なものとの緊張関係の全体性において解いている。

ジョイスが『ユリシーズ』の出版契約を結んだ一九二一年頃、たまたま訪ねてきた作家志望のアイルランド青年に向かって語ったとされるつぎのような言葉はジョイスの企てを端的にとらえていよう。「偉大な作家というものはまず第一に民族的なのです。民族性が強烈であってはじめて、その結果、国際的になる」「ダブリンの核心に迫りうるということは、つまるところ世界のあらゆる都市の核心に達しうるということにほかならないのですから。個別の中にこそ普遍が含まれているのです」(大澤一九八八年、50頁)。

ケルト的悲哀

もうひとつ、アイルランドを考えるうえで外すわけにはいかないのが「ケルト」である。アイルランドは、スコットランドやウェールズ、マン島、ブルターニュといった地域と並んで、多くのばあいにはむしろケルト世界の中心として語られることが多い。原聖(『ケルトの水脈』二〇〇七年)が述べるように、アイルランドのばあいは一国のなかの地域や地方としてではなく、国としてケルトを名乗ることができたということがおおきく、ナショナリズムと結びつくかたちで「ケルト」を強くうちだしてきたのかもしれない。

最初のケルト人については諸説あり、ケルト人がいつアイルランドにやって来たのかについてもはっきりしたことは知られていないのだが、紀元前の最後の数世紀に起きた民族移動の結果だった可能性がもっとも高いとされている。ヨーロッパ大陸から直接やって来たものとローマ時代のブリテン島からやって来たものとがいたとされるが、ケルトについては多くのことが謎のままのようである。

アイルランドの人の言語意識の背景に、もし「ケルト的な世界観」というものがあるのならば、「ケルト的」についても見過ごさないほうがよい。ケルト的世界の理解には、ケルトの神話、ドルイド信仰など多くのことを知らなければならない。ここで多くをみることはできないが、『ケルトの薄明』（一九九三年、井村君江訳）の「幻を見る人」のなかの一節をひいて、イェイツが「ケルト的」とみるものをつかんでみたい。

二人とも幸福ではなかった――Xは芸術や詩が、自分には合わないということを、初めてはっきりと分ったからであり、老いた農夫は、何一つ目的を達成できずに、人生が終わっていくのを感じ、先に希望がなかったからである。この二人はなんとケルト的であろうか。言葉や行為では、決して完全に表現できないものに、全力を傾けていたからである。農夫は癒されぬ哀しみを、心に抱いてさ迷っていた。（中略）二人はともに求めていたのだ――真実の言葉を、一人はさ迷いながら、もう一人はそれを象徴的な絵画や微妙な寓意的詩歌のなかに――表現の限界を越えて横たわる、あるものを表現しようとして。そしてもしX君がこう言うのを許してくれるなら、それらのなかには、ケルトの心の底にある茫漠とした伝統に染まった言い方があったと言いたい。昔は領主を敵にまわして戦った者、いまは幻を見る農夫と、騒々しいかずかずの伝説――ク・ホリンは二日のあいだ海で戦い、波に飲み込まれて死ぬ。キイルータは神々の宮殿を嵐のごとく襲い、オシーンは三百年のあいだ、妖精の国のあらゆる楽しみを求め、満たされぬ心を鎮めようとしたが無駄であった――これら二人の神秘家は、決して夢ではない真実の言葉、彼等の魂の中心にある夢を、あちこち野山を歩きまわりながら語り、その心は偉大なケルトの幻影に、――その意味をこの世のだれも分からず、天使さえ表現したことがない幻影に、興味をいだいていたのである。

（31－32頁。傍点は筆者による）

ここに流れる空気はどこかもの哀しい。求めても得られない、満たされなさ、またそのようなものに対する憧憬の循環。ケルトとは何か、真にケルト的とはどのようなことかについて、わたしはまだ知らない。文学を通して触れることができるケルトの世界もまた私たちのアイルランドへの理解をたすけてくれるかもしれない。

「ケルト的」さらには「苦い諦念の混じった受容」というところでどこか重なりを見出せるように映る、現代のアイルランドに生きる人々のアイルランドに起こった言語交替への見方。二〇一五年のアンケートからの回答を紹介しておこう。

自分たちの文化をすこし失ったけど、世界のほとんどが話す言語への移行は長い目でみれば利益がある。（三十歳以下、男性、大学生）

ひとつの美しい言語がべつの言語に殺されていくのを見るのは残念であるが、アイルランドの経済と未来を考えれば、自分たちの第一言語として英語をもつのは有利である。（三十歳以下、男性、大学生）

経済的な独占。英語話者の政治的な力――上位のひとの言語を学ぶのは理にかなったこと。そして押し付けられた英語――一九世紀の教育に限った話ですが。（五十－七十歳、女性、図書館勤務）

悲しいけど、もう終わったことです。（三十歳以下、女性、大学生）

まぁいいんじゃないですか。（三十歳以下、女性、大学生）

悲しいことですがたぶんよりよい生活のためだったのでしょう。世界市場とグローバル化に、より参入していくことができますから。（三十歳以下、男性、大学生）

ここにあげたのは回答の一部であり、じっさいの回答には悲観的なコメントのみが書かれたものが多く、楽観的な視点からのみの記述も少数ある。主観的な感情を入れないつぎのようなコメントもある。

自分たちのことばのない民族はそのアイデンティティを失くす。（五十－七十歳、男性、技術者）

この回答者は英語がアングロサクソンに属すると考え、みずからのことばはアイルランド英語ではなく英語だと書き、「アイルランド語を学ぶべきか」に関しては、「学びたいと思うなら」と記す。彼の客観的なコメントの根底には、植民地支配の歴史にたいする冷静な理解があるのかもしれない。（第三章「言語交替への思い」では、一九九九年の回答結果を紹介している。）

前に触れた、アイルランド的なるもののひとつの要素、「コスモポリタン」というところでつながりをもつように思われるのが、アイルランド人の英語観である。「英語は誰のものか」という質問に対する、「みんなのもの」「使いたいと思う人すべて」といった、英語に対するユニバーサルな見方である。二〇一五年アンケートの結果でも、その見方が強い。一九九九年の回答には、「英語は、今も、これからも、国際的な媒体でそれ自体使い勝手のいいものだと思う。したがって、英語は多くの国に属しているが、それぞれの地域でその文化とすでにある英語以外の言語を反映した独自のものである」(第三章「英語をどう見ているのか」)というものがある。地域にすでにある現地の言語、民族の言語と接触した独自の英語があるという多様性をも享受した英語。回答者の慧眼に、アイルランドだからこそ語れることがあるのを確信する。

Ⅲ　可能性

そとに開かれるアイルランド

アイルランドだからこそ語れること。アイルランドに、理論的ないし思想的な可能性を見出した研究者に、『ポストナショナリズムの精神』(二〇〇〇年)の著者、立川健二がいる。「〈思想〉としてのアイルランド——ナショナル・アイデンティティを超えて」と題された第一章において、立川は、「アングロかつゲーリック。カトリックかつプロテスタント。土着的かつ入植的。リージョナルかつコスモポリタン」というリチャード・カーニーの言葉を引いて、アイルランドの本質的な「ハイブリディティ(混血性)」、あるいはアイルランド人の多義性について論じている。

立川は思想的課題としてアイルランドを語る意義をつきつめるなかで、「〈ポストナショナリズム〉の時代状況にあって、アイルランドは、特別な存在感を発揮することになるだろう」(39頁)と、アイルランドの「思想」における存在意義を述べている。そうして「近代に生きる〈わたし〉を呪縛してきたネイション・ステイト(国民国家)を超えて、より自由に、よりしなやかに、他者に対してより開かれた生き方を探ってゆくようにと、わたしたちを促してやまない」〈アイルランド〉の可能性をうちだしている(55頁)。

とくに、立川のつぎの言葉には、言語に関するアイルランドの位置づけが端的に示されている。

> アイルランド人はまた、「英語帝国主義」の最初の犠牲者として、また英語だけでなくナショナル・アイデンティティの根拠としてのゲール語というもうひとつの言語、マイノリティの言語をもつ立場から、「英語帝国主義」を内部から告発する資格をも秘めているのではないだろうか。アイルランド人は、「小言語」の立場を「大言語」をとおして、マイナーの立場をメジャーな媒体をとおして世界に訴えることのできる希有なポジションにあるのである。(傍点は原文まま。42頁)

「アイルランド人」はなにもアイルランド共和国に住む人たちだけを指す言葉ではない。北アイルランドに生きる人々も、政治的区画としてはイギリスに属するということがあっても、「アイリッシュ(アイルランド人)」としてのアイデンティティを(も)もつかもしれない。そしてまた、アイルランドは移民の多いことでも知られる。歴史的にアイルランド人は数百万人の単位で、アメリカ、カナダ、オーストラリアを中心としたさまざまな地域に離散した。すなわち、全世界にアイルランド人の離散民、アイリッシュ・ディアスポラがいる。そして、アイルランドの人たちはわりと誇らしげにそのことを語ってくれる。
ちなみに今日においても、アイルランド人はよく外に出る。「ケルトの虎」が去って経済が下向きになったここ数年は、仕事が見つからない若者の流出がニュースで取り上げられることもしばしばである。アイルランドの人々は概して、外から来る人々に門戸を広げるようなところがあるが、みずからもわりと身軽に世界へと出かける。そのようなことだから、世界のどこにもアイルランド人はいる。「アイリッシュ」は、国境を越え、あるいは国民国家の境界を超える。立川健二が論じるように（45頁）、ディアスポラを通じても維持されている「アイリッシュ」というアイデンティティは、ナショナリティに拘束されない文化的アイデンティティのありかたを示唆しているようだ。

フィールドをもつということ

現在の勤務校に赴任して知己を得た先生に、『唐代社会と道教』（二〇一五年）の著者、遊佐昇先生がいる。遊佐先生は敦煌文献のなかの道教に関する文献を読み解いて唐代の中国社会を描き出す。とくに地域に入り込んでその特殊性の細部に触れ、そのなかに現れる普遍の姿を目に留め、本質に迫っていく。遊佐先生の仕事は道教信仰の発生を考えることを含むのだが、「その場にいってみること」の重要性についてこのように述べている。

信仰にはその場の条件が深く関りを持っている。ある信仰の発生と展開を考えるにあたって、「一般的には～」との考えはもちろん適応できるのだが、その場を併せ見る目は重要である。それが歴史上の今を去ること遠い時代のことであっても、可能な限りは、現在の時間であるにしても、その場に行ってみること、そしてその場における人々の生活を目で見て肌で感じること、そのことが重要だとも考えている。（ⅱ－ⅲ頁）

はたして、わたしの研究はどうか。みている国や地域、時代、学問領域にちがいはあっても、重なる部分はたくさんあり、学ぶ部分がおおくある。アイルランド英語という個別言語の「現在」ないし「未来」をみようとする言語研究において、その場に行ってみること、その言語の話者の母語直観にじかに触れようとすることはあたりまえのことである。わたしのばあいには、そのあたりまえに乗って現地に行ってみて、人を知り、コミュニティを感じ、言語の細部のすこしが分かり、滞在を重ねるなかで、言語を動かしているものについて、自分なりにこうであろうという考えをもちつつある。その考えはまだ途上にあり、例証、実証といったことも順番にしていかなければ研究としてはなにもならないようなものであるが、じっさいの「特殊」、すなわち、ある特定の地域、コミュニティの現実に深く入りこむことの重要性はわたしも感じつつある。ひろくその分野の諸研究に目を配りながらつねに自分のフィールドに入りこむことが大事なことなのだろうと考えている。その「特殊」をみる眼は、ある部分ではぐっと解像度をあげて、ときにはあえて落としてひろく空気までを包み込む全体を掌握しながら、文字通り、現実を「分かって」いくことが必要なのだと思う。

そこでいう、「分かる」とはどのようなことか。宮岡伯人先生の近刊『語とはなにか・再考——日本語文法と「文字の陥穽《おとしあな》」』（二〇一五年）の一節に、明晰な言葉があった。万事を分けることによって環境が理解できることがすなわち「わかる」ということであり、環境への適応に、人間の文化にとっての言語の働きがある。「周囲をとりまく世界は、一定の範囲を他から区別する―「ワケル」―ことによって「ワカルルーワカル」、すなわち「ワケ」―「分け=訳」(筋道・道理)―が「ワカル」。人間は、漠とした世界に一定の差異・区別を認めることによって整理・分類をおこなう」(21頁)。世界を分かつことはすなわち「環境の範疇化」(11頁)であり、「環境の認識(範疇化と範疇の操作である思考)」(23頁)に言語は深く関わっている。

いま、ひとまず話を個別言語の理解というところに置こう。個別言語がわかるということは、その言語の話者がどのように世界を切り分けているかをわかることである。宮岡(二〇一五年、4、21頁)は、文法の基本は「感じ分け」であると言い、その「感じ分け」の意味するところを「文法的大枠から「語」の細部にまでいたる問題」としてとらえている。

わたしが個別言語の文法研究の基礎に置きたいのは、この「感じ分けをとらえる」というところにあるだろうか。さらに言えば、ひとつには言語をそれ自体として見たときにその言語においてもっとも合理的あるいは経済的なやり方で記述することである。アイルランド英語という対象に対しては、いったん標準英語を介した整理やその枠の適用のもとに記述をおこなうのではなく、アイルランド英語にぴったりの線引きないし区分けをする、言い換えれば、研究者みずからそれに合った分けかたをつきとめるということである。すなわち、何がその言語のその姿かたちを生み出しているのかをしだいに明らかにしようとする試みにおいて、形を決めている対立を見出し、そのもとに分かつということである。

そしてまた、わたしの研究においてだいじにしたいことが、言語がもつ社会性に関係しても在る。ことばの性質を理解するのに、それを話す人をみる、話す人が置かれている環境および言語に関する規範を共有するコミュニティも見ていくということである。その方法としてフィールドワークは欠かせない。第四章で具体的なところを書くことになるが、話者、コミュニティの理解の手がかりを得ることができるフィールドワークは、コミュニティの人々の行動様式、ひろくは文化を言語との関係において「分かっていく」ところの根幹をも成す。コミュニティに共有の言語知識に含まれているものの詳細をとらえ、言語使用と言語意識の関係の細部までを分かることで、その言語世界の姿かたちをも明らかにできるであろうと考えている。

本書のたて糸、よこ糸

本書は「英語という選択」をテーマとして日本の読者と問題意識をともにしながら、アイルランドのことばのことをくわしくみていく本である。アイルランド語から英語への言語交替をひとつ大きな出来事として取りあげ、それがどのようにして起こったのか、その結果アイルランドのことばはどのようになったのか、人々のことばに対する思いはどのようなものなのかといったことを描く。以降、第二章では言語交替の歴史的背景および要因、さらに民族語を継承するための取り組み、第三章ではアイルランドの人々のアイルランド語と英語に対する見方、第四章ではアイルランドの人がいま話していることばへの意識、第五章ではアイルランドで話される「英語」はいったいどのような特徴をもつものかを、順に考えてゆく。第六章ではことばをめぐるアイルランドの経験から導かれる論点を整理し、言語接触および「ことばが変わること、替わること」を中心として考察をまとめる。

このような、アイルランドという個別の事象の中身を綴るものをたて糸とするならば、よこ糸となるのはいわば普遍的な関心である。異なる言語が接触したときにどのような文法が形づくられ、現在までにどのような変化を遂げているのか、言語話者の意識はどのようにして言語変化に関係するのかといった探究心がまずある。さらに、人とことば、ことばと社会、ことばとアイデンティティ、エスニシティといった、ことばを中心とした諸現象をみるというところにも筆者の関心はあるから、その関心がおのずと「織り合わせ」をすすめるかもしれない。ことばが日々少しずつ変化していくところに話者はどのようにかかわっているのかといった理論的関心事もある。

本書は、わたしが初めてアイルランドを訪れてからいまに至るまでのさまざまな興味関心のもとで、調査および考察してきたことがベースとなっている。フィールドでじかに感じることが起動力になっていることも多い。そしてまた、研究の中心としてきたアイルランド英語がおおきな括りで「英語」であることも、意識しなくてはならないだろう。日本で暮らし、世界の文脈においては日本人としてのアイデンティティを自覚している一個人が、英語非母語話者として英語を使ってものを読み、書き、ときに話していること、ひろく英語教育にたずさわるなかで日々感じていることも、なんらかの問いをみずからに発し続けてきたかもしれない。

本書はマンスター地方のアイルランドのことばの話を中心にする。この地方のとくに西部では、アイルランド語が比較的最近まで日常のことばとして話されており、ケリー県のディングル半島、コーク県のクリア岬などはアイルランド語使用地域である。アイルランド英語にも地域差はある。アイルランド語にも方言があって、そのうえに英語と接触してアイルランド英語は生まれている。南にはおもにイングランドの英語の影響、北は加えてスコットランドの英語の影響も受けているから、アイルランド英語にも方言差が生じるというわけである。以降で紹介するアイルランド英語の文例や表現は、とくにことわらないかぎり、筆者がフィールドとしてきたコーク県とケリー県のことばの話である。

第二章　ことばを引き継がないという選択

I　ことばを取り替えるということ

アイルランド語を捨てて英語を選んだのか

この章のタイトルを「ことばを引き継がないという選択」と書くとき、そこには書き手の側でひとつの判断をしていることを意識せずにはいられない。アイルランドでは民族語であるアイルランド語が英語に交替した。アイルランドの人々は歴史的な事情によって民族語であるアイルランド語を手放すしかなかったと考えるのであれば、「ことばを引き継がないという選択」という表現は、いささか意志的、積極的に響きすぎる。だが、はたして、アイルランド語から英語へと日常的に話すことばの交替が起こったところに、アイルランドの人々の意志や選択はまったく介在しなかったであろうか。言語交替という、言語使用者にとってきわめて重要な意味をもつ言語現象に与することなしに、言語使用者は存在しうるであろうか。

いますこし「選択」ということについて考えてみよう。もし、あるところで、母親が、自分もそうであったように、アイルランド語で子どもを育てることをしていたら、言語交替は起こらなかったかもしれない。とはいえ、歴史に目をやれば、アイルランドにおいて言語交替が起こったところには、まずもってイングランド人の入植があり、のちに見るように複数の条件や自然および社会環境などが重なっている。そのような複合的な要因に思いをめぐらせば、人々の意志だけに原因を帰することは明らかに誤りである。彼らはみずから「言語交替キャンペーン」を起こしたわけでも、「英語を明日から国の常用語にするかどうかの国民投票」に参加したわけでもない。となれば、アイルランドの人々は「ことばを引き継がない」ということを「みずからの意志で選択」したと言っては言い過ぎである。

それでもなお、言語交替という現実を理解するためには、人々がどこかで、積極的であるか否かにかかわらず、あるいは意識的であるか無意識的であるかにかかわらず、もしかしたらささいな行動という形で、「言語交替」に少しずつ力を貸したのかもしれないという考えをもっておくことは重要であるように思われる。諸々の要因、条件がどのように重なって、人々がどのような態度をもつようになったのか、そこのところの理解をすすめていくことが肝心である。言語交替が起こるときの環境に加えて、人々の心理も明らかにすることで、言語とはそもそも何であるのかについて考察する手がかりを与えることにもなろう。

わたしは言語をそのさまざまな現象とともに考えるとき、まず言語使用者、すなわち話者をその中心に置く。ことばをめぐるさまざまな現象（たとえば、言語接触、言語変化、言語使用、コード・スイッチング）はすべて話者の介在のもとにある。このようなことはあたりまえのように思われるかもしれないし、一度このような見方を提案された読者は、それ以外の見方は理解しづらいかもしれないが、実際に提案されている言語学分野の理論および考察の前提においては、さまざまな要因のもとに言語使用にゆれを生じさせる「話者」を捨象して、言語の本質を科学的に解明しようという試みのもとに理論が構築されてきた背景もある。

言語学においては、言語と話者、話者の主体性をどのようにとらえるかが理論のおおもとを作るというようなことがある。言語の性質を社会との関連において明らかにする社会言語学の研究分野においても、たとえば「言語選択(language choice)」という言葉があり、そこにおいては、主体的に話す言語を選ぶ話者像がある。環境によって話される言語がおのずと決まってくるという考えが一方では可能であるが、ある環境のもとで話者が主体的に言語を選択して話しているという考えが他方では可能である。

アイルランド語から英語への言語交替が起こったとき、実際のところはどうであったのか。「選択」ということに関連して考えられることは、当時の人たちの一人ひとりには、英語を「選択」しているという意識、ましてや「アイルランド語を捨てて英語を選んでいる」などという意識はなかったのではないかということである。ただ、言語交替を引き起こす社会経済的状況にあって、あるところで、日々の言語行動において英語を取り入れるようになり、そのぶんアイルランド語を話す割合が減り、そのような個人の行為や態度がコミュニティ単位で集積したときに、言語交替を起こす状況に大きく近づいていた、そのようなことであろうと思う。

個人、コミュニティ、国レベルでの言語交替

母語の異なる人どうしがコミュニケーションをはかるとき、どのようなことが起こるであろうか。相手のことばに関する知識があればそれを利用するかもしれないし、どちらのことばも知らなければ新たな言語を生み出すかもしれない。あるいは、リンガフランカすなわち地域の通用語として機能す

る言語があればそれを用いるのが自然である。もしどちらもお互いの言語を知っていたとしたらどうだろうか。一対一であれば、相手への配慮、力関係がどちらの言語を使用するかに影響を与える要因になるであろう。集団どうしが接触したときはどうであろうか。さらにシビアに、権力あるいは経済力といったことが、使用言語の選択に関わるかもしれない。

ことばの取り替え、すなわち言語交替が起こるときには、その前段として言語接触がある。言語接触とは、異なる言語が出会うことである。言語が出会うということはすなわち人が出会っているということであるから、言語接触は異なる言語を話す人々の出会いとしてとらえることができる。異なる言語が共存してコミュニティにおいて均衡がとれていることもあれば、そのような均衡がなくどちらかの言語に使用が傾くばあい、あるいは最初は誰の母語でもなかった第三の言語がしだいにコミュニティの言語として機能の幅をきかせるということもある。コミュニティにおけることばの取り替えは、接触する言語の「力」に大きなちがいがあるときに起こりやすい。

本書は、コミュニティの言語が別の言語に替わる現象をlanguage shiftとし、その訳語として一般的な「言語交替」をあてるが、この原語の意味はコミュニティの言語がある言語から別の言語に移ることを想起させる。類似の現象を表す語には「言語取り替え(language displacement)」があり、研究者によって必ずしも統一的な使い分けがなされているわけではないが、こちらのほうは、言語が消滅にむかう過程に言及する向きが強い。言語交替は多くのばあい、取って替わられた言語の衰退を導くので、shiftはすこし婉曲的で、displacementは直接的に響くといった、印象のちがいと言えなくもない。

言語交替は個人的なものとは区別される。個人がたとえば海外への永久移住を経験するとか、そうでなくてもなんらかの要因で日々使用する言語が替わることもあるが、これはふつう言語交替とは言わない。これまで話していた言語の能力を失うことを言語喪失(language attrition)と言い、これは新たな言語の獲得にともなって起こる現象としてとらえることができる。言語交替が起こるときには、コミュニティの一人ひとりの言語が替わっているというところを見れば、言語交替は集団的な現象である。コミュニティに新たに入ってきた言語がもとの言語を追いやるというのが、言語交替の基本的意味である。

歴史的には、比較的大規模な言語交替として、ガリア地方におけるケルト語からラテン語への交替、インド北部におけるドラヴィダ語を含めた土着の諸言語からインド・アーリア語への交替が知られている。エジプトで用いられていたキリスト教徒の言語であったコプト語は、七世紀のアラブによる征服から一六七〇年代に最後のコプト語話者が報告されるまで長い時間をかけて言語交替への道を歩んでいった。いまではコプト語は礼拝のときにのみ用いられる言語となっている(Brenzinger 1997)。

言語交替は、小さなコミュニティを単位としては、さほど珍しいことではない。国のなかの小言語を大言語が飲み込むというのは想像にかたくなく、都市部ではたとえば英語やスペイン語、フランス語やアラビア語といった、国を超えた共通語となる大言語へのさらなる言語の移行が起きるなど、二重、三重に交替が起こるということもある。小さな村で話されている言語、文字のない多くの言語にまで思いをめぐらせば、小さな部族語あるいは局所的な分布をもつマイノリティの言語が大きな言語に取って替わられることも現在、世界のいたるところで起こっている。少数民族の言語の最後の話者がなくなるとき、それは言語の死を意味するわけであるが、そのようなコミュニティにおいても言語交替は起こっている。

言語交替は、言語接触の帰結のひとつのかたちとしてとらえられ、それ自体はけっして珍しいものではないのであるが、アイルランドのばあいは国を単位として比較的最近起こったことが、他例と一線を画している。国を単位として起こったということは、国家や民族性と衰退した言語との結びつきのために、のちのちさまざまな葛藤をうちに抱え込むということであり、比較的最近ということは、研究の観点からは、同時代的視点のもとにその過程が追いやすいということでもある。

順位づけされる言語

言語交替はなぜ起こるのか。アイルランドの事例をめぐるその考察は本章で詳しくみていくが、言語交替はなにも特別な社会心理や言語状況に起因するものではない。つぎのコメントは二〇一五年の夏にアンケートに書かれたものである。

自分たちの土地の言語であるアイルランド語が貧しい人の言語だとみなされていることは残念だ。

（三十歳以下、男性、大学生）

ここには、言語の「価値評価」の現実が垣間見える。さきに述べたように、コミュニティにおいて言語の共存が難しくなるときには、一つの言語の力が他を圧倒しているという状況があるが、言語交替が起こるところには、この回答にみるような、〈貧しい人の言語 vs 富んだ人の言語〉といった言語に対する評価が前提にある。

とはいえ、順位づけされるのはなにも言語に限ったことではない。『谷川俊太郎 質問箱』(二〇〇七年)のなかに、一般の方から谷川さんへのこんな質問をみつけた。

質問：カゴから出ているのがフランスパンだとかっこいいのに長ネギだとそうじゃないのは、どうしてでしょうか。(ももんが五七歳)(148頁)

「長ネギをリークと呼べばかっこよくなるんじゃないかなぁ」とか「いかにして長ネギをかっこよくもつかということを熟考するほうが建設的だ」という谷川さんのお答えも洒脱だが、この質問の「長ネギとフランスパン」はとても象徴的に映る。この質問は日常のふとしたひとこまをとらえたものだが、いま「言語のなかで」という枠を設けてみても、ここでいう「長ネギ」と「フランスパン」のような違いをもつものがあることに気づく。

「かっこいい／かっこよくない」というのは主観的な評価の問題であり、言語もまたその対象から免れることはない。たとえば、学生に英語のイメージを聞くと、「かっこいい」とか「憧れ」とか、なにやらプラスの言葉が返ってくる。それに比べて、たとえば地元の方言などには、ネガティブなイメージをもっていることも少なくない。アイルランドで言語交替が起こった文脈では、アイルランド語が「長ネギ」で、英語が「フランスパン」だっただろう。「グローバル化の時代、これからは英語よ」と、子どものためにいい英会話教室を探す母親にとっても、やはり英語は「フランスパン」で、つぎの言葉をレポートに書いた学生の文脈にあっては、「自分の方言」は「長ネギ」のようである。

関東に上京してきて、恥ずかしいという理由から自分の方言をなるべく出さないように心がけていました。なぜなら、友人に「何て言ったの？」とよく聞かれるので面倒くさいというのと恥ずかしい気持ちになるのが嫌だったからです。（大学生、明海大学外国語学部「英米語学科ゼミ」二〇一五年）

言語の構造という点からみれば、方言が標準語に劣ることもなければ、アイルランド語が英語に劣ることもない。個別言語のそれぞれに優劣などもちろんない。方言であっても標準語であっても、アイルランド語と英語のどちらにも、その言語でなしうるコミュニケーションがあって、そのどちらも体系だった文法をもつ。標準語は一種の社会方言であって、言語どうし、方言どうしを比べて、どちらがより正しいといえる種類のものではない。ところが現実として話者に優劣のような意識が生まれるところには、言語の社会性が関係している。方言は標準語より劣った言語変種ではないにもかかわらず、下位に位置づけられてしまう。「標準」が制度的あるいは話者の意識において立てられるときには、「標準」と「そうでないもの」の間に、付随する価値の違いが生まれるのである。

「母が標準語を話すように育てたかったので、私が山形のズーズー弁を使うと叱られました」（学生の授業時レポートより、山形大学人文学部「言語学基礎」、二〇一〇年）と言うとき、あるいはアイルランドの親が「わが子には英語を」と言うとき、その根底には共通するものがある。わが子の将来を考えたときに、どちらの言語ないし変種を身につけさせるのが良いか。方言よりも標準語に、アイルランド語よりも英語に、子どものよりよい将来を見るということがある。言語はいやがおうにも、その社会的関与性のために、価値において順位づけされてしまうのだ。言語交替のたねは、「価値評価」や「順位づけ」といった、ありふれた社会的行為にある。

このような言語に対する価値評価は、時代を反映する。ある時間のある場所における価値評価と言ったほうがより正確かもしれない。英語が国際語となり、それを母語としないひとたちのコミュニケーションの言語となっている現代においては、英語はいわば人気のある言語である。英語はひとつのことばでありながら、そこには社会的にプラスの価値が付随している。フランスの社会学者ピエール・ブルデューの概念を用いていえば、英語は優勢な言語として言語市場に出回っているのである。そしてまた、言語の順位づけの問題は、英語および大言語の優勢性の背後で、それとバランスをとるようにして、民族語を話さなくなること、方言がすたれることにもつながってゆくのである(本章「世代への着目と言語交替の社会心理」に詳細)。

二〇一五年の調査においてアンケート用紙に書かれたつぎの回答は、言語の価値評価に対する現実をつきつけるかもしれない。

アイルランド語はすばらしい。だが、それは死にゆく言語で、経済的な利益がない。だからアイルランド語には注意が払われなくなるだろう。(三十歳以下、男性、大学生)

はたしてアイルランド語はこれから衰退する一方であるのか。いちど経済的な利益がないという烙印を押された言語はふたたび息を吹き返すことがないのであろうか。以降では、アイルランド語から英語への言語交替がどのように起こったのか、また現状はどのようなところにあり、言語交替の現実に、国は、そしてアイルランドの人々は、どのように取り組んでいるのか、といったところを見ていこう。以降において、言語交替を引き起こすこととなった歴史をすこしたどり、言語接触によって起こる現象を描きながら、アイルランドでどのようなことが起こったのかをみていこう。

Ⅱ　過去から現在

アイルランドに起こった言語交替

アイルランドに本格的に英語が広まったのは十七世紀のイングランド人の入植以降のことである。それ以前にもノルマン人征服の頃に、英語（現在の英語のもととなる、ブリテン島で形成されたことば）を話す人々が入ってきているが、一三六六年のキルケニー法によりイギリス人のアイルランド人からの隔離が行われたこともあって、言語的にも棲み分けができ、アイルランド人の言語生活への影響はほとんどなかった。この頃の英語は、イングランド人の政治的影響の強かった、ダブリンとアイルランド南東部沿岸地域にとどまっていたと考えられる。

英語がアイルランド全土に浸透する言語交替の口火を切った歴史的出来事は、とくに十七世紀クロムウェル時代のイングランド人の入植と植民地支配であった。一六五三年の大規模な入植は、レンスターとマンスターのアイルランド人の地主を一掃したという。この入植によって、アイルランドの労働者がアイルランド語を手放すことにはならなかったが、地主を一般のアイルランド人から切り離し、多くのアイルランド人土地所有者たちが、自分たちの土地を守り、良い生活をするために改宗したとされる。

アイルランド南西部では、北部と東部に比べて、英語がアイルランド語の使用にすぐさま大きな打撃になることはなかった。オーキィーヴ(Ó Cuív 1951: 14)によると、十六世紀には、レンスターの一部地域と都市部を除いて、アイルランドの人々はアイルランド語のみの単一言語話者(monoglot モノグロット)か、そうでなければアイルランド語と英語とのバイリンガルであったという。入植が始まって間もない頃は多くの地域において、母語としてのアイルランド語の使用が揺らぐことはなかったと考えられる。

国勢調査から得られた人口統計を手がかりに当時の様子を考えてみよう。十八世紀初頭にはカトリックとプロテスタント、すなわちそれと分布を同じくしてアイルランド人とイングランド人の居住地域パターンが固定化されていた。プロテスタントの割合が高い、すなわちイングランドから移住した人の割合がもっとも多い地域は、アイルランド北部のアルスター地方(今日の北アイルランドが含まれる)であり、おおよそ七割以上がプロテスタントである。そのなかにプロテスタントの人口が九割を超える町村も含まれているところを見れば、町によってはすでになんらかの英語が話されていたものと考えられるが、プロテスタントの人口が少ない地域では、まだ英語の波は押し寄せていなかったであろう。一九一一年にはカトリックの占める割合が三〜四割になってしまう地域でも、一八〇〇年の時点では、ほぼすべての土着の住人がアイルランド語を話していたと考えられる(Hindley 1990: 6)。

英語はおおよそ、北から南へ、東から西へとしだいに広がっていく。最初はイングランド人の支配者たちとのコミュニケーションのために一部のアイルランド人が英語を用いていたにすぎないが、しだいに、英語の習熟は人々の社会経済的な自立を果たすために必要な手段になり、英語使用が普及した。そんなときに、ジャガイモ飢饉が起こったものだから、アイルランド語を話す人口が激減してしまった。ジャガイモ飢饉が起こったのは、おおよそ一八四五年から四九年の頃で、アイルランド語を話す人々が多くいた地域であった。当時の人口のおよそ20％もの人々が飢饉のために亡くなり、それ以上に多くの人々が国を出て大西洋を渡ったというのだから、その影響は甚大であった。

イギリスの支配下にあったアイルランドの飢饉をめぐっては「人災」ではないかという見方さえ根強くあるようだが（イーグルトン一九九七年、栩木二〇一二年）、ともかく、この大飢饉がアイルランド語の母語としての継承に大きな打撃を与え、アイルランド語から英語へのいわゆる言語交替に拍車をかけたことは間違いない。『アイルランド語の死』という本を著したレグ・ヒンドリー（Hindley 1990: 13）の言葉を借りれば、「東部アイルランドでアイルランド語を話す人々がいわば集合的に、英語のほうがアイルランド語よりも役立つといつなぜ考えたのかを明確に言い当てることは不可能であるが、レンスターの多くの地域で最初に始まり、一八〇〇年から一八五〇年の間に拡大を見せたことは明らかである」。一八〇〇年にはほぼすべての地域にアイルランド語話者がいたのだが、アイルランド語の単一言語使用は東部ではそれから半世紀の間にもはや珍しいこととなり、レンスターとアルスターのほとんどの家庭の子どもはアイルランド語を話さなくなってしまったというのである。

言語交替の要因

言語交替の要因を考えるとき、ここでみているように、まずは歴史的背景からその手がかりを探ることで、詳細にわたる検討が可能になる。アイルランドにおいて、歴史的な背景がなければ、土地の言語が別の言語に取り替わってしまうことなどない。このような歴史的背景において、実際のコミュニティではどのようなことが起こっていたのか。たとえばイングランドの植民地支配があったというときに、ではそれが実際にアイルランド語話者に、その集団に、どのようにして影響をおよぼしていったのかについて、使用領域、世代に注目した研究を紹介しながら、考察してみたい。

アイルランドにおける言語交替はイングランドによる植民地支配に端を発するものであるが、その歴史的事実だけではすべてを説明することはできない。その後の大飢饉などのさらなる要因や、学校での英語による授業の実施といった、言語交替の過渡期における「後押し」もある。当時の社会情勢に目をやれば、政治家や指導者には、みずからはアイルランド語話者でありながら英語を国民の自由解放の手段と見立て、そこにアイルランドの将来の希望を見たダニエル・オコンネルのような人物もいた。英語というひとつの言語に「成功」「繁栄」「将来の希望」といった夢が託され、そのイメージを確立しつつ国民のなかに浸透させてゆく。言語もまた政治経済に利用される。

オフェイロン『アイルランド　歴史と風土』(一九九七年)の訳者、橋本槙矩氏はあとがきで、一九〇〇年にコークで生まれた作家オフェイロンは「ゲール語を話すアイルランド」よりも「英語を話す豊かなアイルランド」を志向した点で十九世紀のカトリック解放運動、農民運動の指導者、ダニエル・オコンネルを高く評価したと記している。オフェイロンが生きた時代は、ちょうどアイルランドが植民地支配から脱却して独立した国家として歩み始める時代である。独立にむけて大きな舵を切ったとされる一九一六年のイースター蜂起。アイルランドの民族主義者たちの軍勢がダブリン中央郵便局を占拠し、臨時政府の樹立を宣言した。オフェイロンは、いちどはアイルランド義勇軍のメンバーとなり、みずからの英語綴りの名前ジョン・ウォーレン(John Whelan)をショーン・オフェイロン(Sean O'Faolain)に変えた民族主義者であったが、IRA(アイルランド共和軍)の広報員として活動するうちに次第に懐疑的になったという。オフェイロンは、オコンネルをアイルランド民主主義の創始者と呼び、一九三八年にはオコンネルの伝記『乞食たちの王』を書いた人物でもある(314頁)。

イースター蜂起とそれに続く過激な民族主義、ゲール文化復興運動の時代的背景にあって、その一方で、大きな力で反り合う形で、「英語を話す豊かなアイルランド」に国の将来をかけた指導者オコンネルを中心とした時代の気風があったことがたいへんに興味深い。『アイルランド　歴史と風土』に述べられた、「アイルランド性(アイリッシュネス)に拘泥することは、おのれの尾に絡めとられて傷つく蛇のようである」(312頁)というオフェイロンの思想に、同時代を生きた作家の葛藤を、揺さぶられながら形づくられていく新しい国家への精神を、見ることができようか。

言語交替は多面的にその要因を探り当てることで少しずつ解明に近づく。前に述べた歴史的要因、さらに英語が広がりつつあるなかでの政治社会的な受容のほかにも、当時経済的に豊かであったイギリスがアイルランドの隣国であり、二国間を自由に行き来できる環境にあったという地理環境的条件がある。アイルランドの面積が北海道ほどであり、人口規模もイギリスに比べて大きくなかった(一八四一年時点でアイルランド800万人、イギリス1365万人)という要因もあったかもしれない。国の規模が小さくても、言語の力関係や民族の構成によっては、多言語併用の状態でバランスをとるということも考えられるのだが、かりに地理的に離れており、人口規模や面積がイングランドよりも大きければ、交替がこれほどにまで進むことはなかったであろう。

さらに別の観点からは、社会心理的な要因も示されよう。社会的優位性を手に入れるために、直接の経済力につながる新たな言語を獲得することに、人々、とくに母親の心理が傾くことが考えられる。社会心理的要因については、以降において、さらに説明を加えて詳しくみていくことにする。結論を先に言えば、言語交替は、言語コミュニティをとりまく外的な環境の変化によって、新たに言語が入り、あるところでその時代を生きる人々の受容を経て加速度的に浸透がすすんだ結果である。

使用領域への着目

土着のものではない言語が日常語として機能するとき、その言語コミュニティ(speech community)では何が起こるのであろうか。言語コミュニティとは、ことばとその使用に関する規範の共有によって定義されるコミュニティのことである(Labov 1972, Wardhaugh 2010)。言語コミュニティは社会言語学の基本的な概念であるが、研究の目的によって、なにを言語コミュニティと考えるかが決まるようなものだと言っていい。それゆえ、コミュニティの規模やそのコミュニティのなかでの言語使用の実態などは研究によってさまざまである。ここでは、言語交替が起こっているある集落というような、地域をベースとして言語に関わる規範を共有しているコミュニティを考える。規範を共有しているというのは、たとえば、この文の意味はこうであるというところで話者どうしが合意しているということであり、その文を使用するときの、たとえば「丁寧な」とか「土地の」といった、言外の意味についてもおおよそ共通の了解が得られていることであり、さらにはその文や発話における性質について共通の評価がなされるということである。また、複数の言語を使用するコミュニティにおいては、どこでだれとどの言語を使うのかといった言語と使用領域に関する習慣的な言語行動も規範として共有されていると考える。

言語交替は、ジョシュア・フィッシュマン（Fishman 1972）をよりどころとするならば、新たに語彙と表現がこれまで話していた言語に入ってきたために、もともとあった象徴的な統合が解消されたときに起こると考えられる。いまここで、A言語がB言語に交替するときの言語コミュニティの様子をフィッシュマンの「役割区画化」の概念とともに考えてみるならば、おおよそつぎのようなことになるだろうか。この概念の背景には、伝統的な社会において個人の役割が明確に区画されており、使用する言語もそこに割り当てられているということがあるが、ここでひとまずは、父、友人、教師、同僚といった「役割」によって区分される領域を考えてみる。A言語からB言語に交替が起こるときには、B言語が力のある言語、威信のある言語として、コミュニティに入っていたことも考えに入れる。以下の番号は便宜的に順序を示したものである。

①B言語の導入によって、これまでA言語を使用していた役割区画にB言語が入り込む。
②A言語とB言語は最初のうちは、違った価値、活動の領域、日々の状況との結びつきによって、それぞれの言語の使用領域が補完的にではあるが別々に保たれている。
③バイリンガルとなったコミュニティの話者の増加によってB言語の入った役割区画が広範になる。
④B言語が社会的に上位である活動領域で使用され、威信のある言語として認識されるにつれて、

コミュニティにおいてバイリンガルが多くなると、役割の区別がぼやけてくる。

⑤それにつれて、B言語がA言語を押しのける。

言語と区画という考えかたはドメイン(使用領域)ごとの言語使用という考えに通ずるものである。シフマン(Schiffman 1993)は複数言語併用のコミュニティにおいて言語が取り替わる条件を考察するなかで、言語交替は、個人ごとや、コミュニティごとに起こるというよりは、ドメインごとに起こるとしている。ドメインは、たとえば一人の人が家庭と学校とで、言語の選択や言葉の形態を変えるなど、使用領域が一定の言語行動に特徴づけられるときに用いる概念である。シフマンによれば、言語交替は、宗教の領域、教育の領域、報道の領域、家庭の領域、といったようにドメインごとに起こるという。

言語交替は、言語の接触が起こったばあいの言語状況の変化の一形態である。A言語に対するB言語の位置づけ(たとえば、話者数によるコミュニティへの影響力、どちらが上位変種、すなわち力のある言語であると考えられるかといったこと)によって、言語接触の際に互いの言語と言語使用にどのような変化が起こるのかは違ってくる。たとえば、B言語を話す移民のグループがコミュニティに入ったばあいには、B言語のほうが話者数が少なく、コミュニティの言語であるA言語のほうが上位に位置づけられる。このようなばあいはそのコミュニティにおいて、A言語がB言語に取って替わられるというようなことはない。言語交替が起こるときには、後からコミュニティに入ったB言語のほうが威信の高い上位変種であるという状況が認められる。これまでにあった、自分たちの話しているA言語よりも、新しくコミュニティに入ったB言語のほうに将来的な価値を見出すという状況が生まれるのである。

言語交替は言語接触の結果とりうる帰結のうちのひとつであり、その帰結はさまざまな条件によって導かれる。言語接触がいつどこでどのような規模で起こったのかに加えて、その言語接触にはいくつの言語が関わっているのか、それぞれの言語の社会的な力関係はどうなのかといったことも接触の帰結を導く条件を与える。さらに言えば、語彙、音韻、形態・統語法などがどれほど似ているか、違っているかといった、接触する言語の言語的性質も、言語接触が引き起こす現象に関係していると考えられる。

世代への着目と言語交替の社会心理

つぎに、世代を軸として言語交替の過程を考えてみたい。コミュニティで起こりつつある社会的、文化的な変容は「世代差」という点に集中して顕在化すると考えられるため、「世代」という因子は多言語社会の動態を分析するにあたって有用である（細川一九八二年、９頁）。言語変化の方向性をみるというときに、世代差の観察を「見かけ上の時間（apparent time）」における「変化」として予測に役立てることが可能であるが（Labov 1963など）、その手法は言語交替の考察にも適用できる。

これまでの事例研究に基づく、概念上のシミュレーションから、言語交替は三世代で起こり、コミュニティ的な規模においても四世代あれば完全に、新しい言語が常用語になるという状態が生まれると考えられるのだが、ここでは細川弘明の「言語交替の過程――中央アンデスの事例から」（一九八二年）のなかの「〈X語化〉の典型的な過程」をみておきたい。

〈X語化〉の典型的な過程
もともとW語を常用していた社会がある世代で〈2言語化〉し、次の世代では、第2言語であるX語を常用するようになる。その結果、第3の世代以降では、W語を能動的に運用する技能がおとろえていく。（中略）〈X語化〉の端的な兆候は、親子のあいだ（第1世代 vs 第2世代）でかわされる〈非相称的な異言語対話〉である。（44－45頁）

細川の〈X語化〉に関するこの考察は実際の調査による裏づけをもつものである。細川はボリビア共和国ポトシ県の北部のいくつかの村を訪れ、使用言語および言語交替の実態を調査した。中央アンデスはアイマラ語、ケチュア語、スペイン語の三言語を使用している地帯である。この三言語をめぐる言語状況は村によってずいぶん異なっているが、農村部においてはケチュア語、都市部においてはスペイン語がもっとも勢力のある言語である。細川の調査は「誰が誰にいつ何語で話すか」の詳細に至るまでをいくつかの集落にわたって調べ上げた貴重なものである。さらに言語交替の「理念的シミュレーション」も含めて示唆に富む。なかでもつぎの「言語接触という事態に対する人々の社会心理」に関する考察は、アイルランドで起こった言語交替をみていくときにもおおいに参考にできそうである。

細川は、言語接触のただなかにある人々の社会心理は、「とりもなおさず、接触する言語間の社会的な上下関係をめぐる話者の態度の問題である」（41頁）と述べ、アイマラ語からケチュア語に移行した村々の住民には、アイマラ語に対する嫌悪感や軽蔑の態度があったことを明らかにしている。ケチュア語化への移行過程にある村では、子どもたちが「お爺さんたちの言葉」に対してあからさまな嫌悪感を示すので、老人のほうでは「だんだんアイマラ語を話しづらくなってくる」というため息がこぼれていたという。細川は、このような「アイマラ語に対する否定的な態度」がアイマラ語を死に追いやり、村がケチュア語化するのを早めたとしている。

細川の調査地では、ケチュア語の他にスペイン語の勢力もある。村の住人にはケチュア語に対して「インカの言語」を話しているという自尊心のようなものがあるという。スペイン語化がすすむ集落にあっては、「自分たちの話しているケチュア語は、実はもう〝純粋なケチュア語〟ではなくて、スペイン語がまざって〝汚れてしまった〟代物だ」(42頁)という一種の恥ずかしさが告白されるという。アンデスの村落においては、ケチュア語の「インカの言語」としての正統性が、土地に根づいていたアイマラ語からの移行を心理的抵抗の伴わないものにし、ケチュア語からスペイン語へのさらなる言語交替にあっては、最後の砦のように働くのかもしれない。

前のケチュア語母語話者の発言にみる「純粋なケチュア語」と「汚れてしまった代物」という対比は、言語交替が起こりつつあるアイルランドのコミュニティにおけるアイルランド語母語話者の嘆きにおいても平行的にあらわれる。現代のアイルランド語母語話者のなかには、英語が第一言語である人の話すアイルランド語を「英語化されたもの」とみなし、自分たちの話す「純粋なアイルランド語」と切り離してとらえる者がいる。母語話者の話す伝統的なアイルランド語と学校で学ぶ標準的なアイルランド語――Book Irish などとよばれる――の二つが存在するというのである(第一章「アイルランドの二つの言語」および本章「親のものとは違う、第二言語としてのアイルランド語」参照)。二言語併用のコミュニティではその二つの言語はお互いに接触することによって干渉しあう。同じところに英語とアイルランド語があり、そのコミュニティの多くの人がバイリンガルであれば、その二つの言語は互いに影響を与えあう。大多数の国民が英語を母語として育つ現代のアイルランドにおいては、アイルランド語が英語の干渉を受けることは必至だと言えるのかもしれない。

もうひとつ重要なこととして、言語に対する父親と母親の態度に違いがあるばあいに、母親の言語態度が交替の鍵を握っているということがある。細川の調査地においては、言語交替が起こっている村々では、女性たちが「侵入言語の推進者(プロモーター)」のごとく振る舞ったばあいが少なくなかったという。母親の言語態度がその社会で起こる言語交替に際して決定的な役割を果たすのは、他の地域、言語コミュニティにおいても共通にみられる特徴であるように思われる(Gal 1978なども参照)。社会が違えばそこにおける男女の役割が異なるということがあるにしても、言語交替が起こるときに母親の影響のおおきいことはアイルランドのばあいにもあてはまるであろう。

Ⅲ　現在から未来

アイルランド語を守る取り組み——上からの政策

言語交替の進行は、どうやら、交替が始まったときにはその進行を促進するような人々の力、コミュニティの力がはたらき、その終わりになって、ようやく自分たちの民族語の衰退という事実に直面し、抗おうとする意識も生まれるのかもしれない。少し生活にゆとりができた頃には、国の大部分で民族のことばから大言語への言語交替が起こり、時すでに遅しとなってしまう。言語交替を食い止めようとするも、失われつつある言語を保持するのがやっとという状態であるのかもしれない。

アイランドにおいては一九二〇年代になってイギリスからの独立を果たし、アイルランド語を保持するための取り組みがようやく整備されることとなった。一九三三年に、「アイルランド語使用計画（Scéim Labhairt na Gaeilge）」が施行され、アイルランド語を話す六歳から十二歳の子ども一人あたり一年に二ポンドの補助金を支払うことが始まった。ある子どもの家庭での使用言語がアイルランド語であると認められれば補助金が出るという制度である。両親、地域の学校責任者、校長が認め、さらに教育委員会の係官による面接を受け、自然で流暢なアイルランド語が確認されたなら、正式に支給が決まる。学校入学後も査察は行われたから、学校の日々の教育においても、教員や学校が子どもたちのアイルランド語力が落ちないように努めることにつながったとされる（Hindley 1990: 48–9）。

言語は習慣的に使用されなくなれば話者の言語能力も衰えていく。その意味において、補助金の取り組みは一定の成果をあげていたと考えられる。この制度は、一九四五年には五ポンド、一九六四年には十ポンドというように（Ó Gliasáin 1990）、時代に応じて金額を変えながら最近まで続き、アイルランド語使用地域でのインタビューで確認できたところでは、少なくとも数年前には一家庭あたり二百ユーロ（およそ二万八千円）が支給されていたという。

アイルランド語を存続させるための取り組みはほかにも見受けられる。アイルランドの小学校は伝統的に、教育を修道士が担う男子校、修道女が担う女子校に分かれているのだが、二十五年ほど前から、国はアイルランド語を媒介として教育を行うアイリッシュスクール（Gaelscoil）を男女共学でつくった。アイリッシュスクールの主たる役割はアイルランド語能力をもつ生徒を育成し、国が目標とする英語とアイルランド語との二言語使用を促進することにちがいないが、都市部では結果的に他のニーズにも応えているようである。

アイルランド第二の都市コークのアイリッシュスクールの小学校で聞いたところでは、アイリッシュスクールに通う動機となっているのは、子どもにアイルランド語を媒介とする教育を受けさせたいというよりもむしろ、学校が近いからといった理由、教科書のお下がりや送迎などの便利さから兄弟姉妹を同じ学校に通わせたいという理由、さらには、男女共学で教育を受けさせたいという理由が大きいという。最近ではポーランドやルーマニアなどヨーロッパからの移民、さらにアジア、アフリカからの移民が多くなった背景があって、アイルランド人の割合がきわめて高いという理由でアイリッシュスクールを選ぶ親も増えている。二〇一五年にコークでインタビューしたなかには、子どもがアイルランド語に熟達していると中等学校に入るときに優遇されるといった理由で、幼い段階でアイルランド語で授業を行う寄宿学校に子どもを入れた親もいた。高等学校修了試験(Leaving Certificate)にアイルランド語が必修であることが、幼少期のうちにアイルランド語に熟達させようという親の動機づけになっていることもうかがえる。将来必要なアイルランド語力の養成と学校での確かな教育の質を期待して、アイルランド人の一部の親はアイリッシュスクールを選ぶようである。

アイルランド語の実践的な力をつける場として人気が高いのは、夏休み中のアイルランド語使用地域の寄宿学校でのコースである。「英語禁止」をルールとして、アイルランド語をじっさいに使っておよそ三週間アイルランド語だけで生活する体験ができる。ホームページなどでは修了試験(高等学校卒業レベルと中学校卒業レベル）を意識させて、アイルランド語習得への動機づけをはかり、参加者を募集するようなものも見られる。夏休みの寄宿学校でのコースは、諸活動や集団生活体験なども含み、楽しみながら実践的なアイルランド語が身につくように工夫されている。三週間で九百～千ユーロ（十三～十五万円程度）、十歳から十八歳が対象というのが一般的である。

アイルランド語保持のための国の取り組みは、じつに末端の部分にも実利的に効力を発揮しようとする。子どもにアイルランド語を学ばせるため、アイルランド語使用を奨励する取り組みとして行われていることに、高等学校修了試験でそれぞれの科目をアイルランド語の問題文で解けば点数を10％上乗せするというのがある。アイルランド語学習に対するインセンティヴとして機能することが期待されているとみることもできるし、アイルランド語ができる者に対する優遇のひとつであるとみることもできる。じっさい、アイルランド語使用地域の村で教員志望の学生に出会ったとき、彼は自分がアイルランド語で育ってきたから有利だと言っていた。アイルランド社会では公務員や国の要職に就くにはアイルランド語が必須であり、このことも、学校で学ぶアイルランド語の意味合いに実利的な要素を加えている。

必修教科としてのアイルランド語の教育は、アイルランドの子どもに実際的な動機づけを与えるという、あらかじめ期待された効果をもたらす一方で、試験科目として学ぶことに伴うネガティブな要素があることも事実で、アンケートのなかには、試験勉強のためにアイルランド語を勉強しなくてはならなかったから楽しくなかったという声もある。とはいえ、アイルランド語教育は、民族語の継承としての役割をもつだけでなく、アイルランド語が受験において重要な科目のひとつであることによって、将来に結びつくものとして社会的な価値づけがなされているのである。

ところで、「修了試験をアイルランド語で解けば10％のボーナス得点！」ということを聞いたとき、あぁなんとまぁアイルランド的と言おうか、ほんとにそんなことでいいのかな、とすこし考える気持ちになった。かつて使用言語を英語に乗りかえていったところの英語使用への優遇と重なったからである。生活がたいへんだった時代、目の前の英語に自分の家族の将来をつないだアイルランド人、そして現在、アイルランド語を守ろうと、受験生の目の前にアイルランド語解答の優遇措置を提示するアイルランドの教育体制の一角――。あたかも馬の前にニンジンをぶらさげるがごとく、ことばはかくも現金なものだったか。言語に乗り物（vehicle）としての側面のあることは理解するにしても、これほどにまで貨幣化するものなのか。おそらく、そのような面が言語の社会的性質としてあることに目を背けていては、現実は語れないのであろう。

アイルランドは二〇一〇年から二〇三〇年までの「二十年戦略」でアイルランド語と英語でのバイリンガルをできるかぎり増やすことを目指している。「二十年戦略」では、教育の場以外でアイルランド語を話す人の数を現在のおよそ三倍以上にあたる25万人に増やすという具体的な数字が示され、各ゲールタハトがそれぞれの地域計画のもとに取り組むこと、アイルランド語で公共のサービスを利用する人の数を増やすことなどが目標として示される。テレビやラジオをアイルランド語で視聴する人を増やすことも目標にあげられているが、そのために、たとえば、おもにアイルランド語で番組を放送するTG4がアイルランド語での放送番組をさらに増やすことが盛り込まれている。現状の一日約4・58時間から6時間への引き上げ、そのための財源面での支援が必要であることも記されている。

「二十年戦略」は、三十頁にわたって具体的な方針を示しつつ、アイルランド語と英語のバイリンガルをできるかぎり増やすことをもくろんでいるが、期待する結果が得られるのかには疑問も生ずる。

多くの二言語使用コミュニティでは、国よりも小さい地域コミュニティ規模でいくつもの民族語があり、そのうえに、国語ないし国家レベルでのコミュニケーションに用いられることばがある。このようなばあいには、民族語はそれぞれの村落的コミュニティにおいて用いられ、さらに国として民族語保護政策をとることもあり、安定が保たれる可能性がある（ただし、しだいに国の定めた公用語や英語といった大言語に小さな民族語が駆逐されてしまうことも考えられる）。さらに、もし仮に、アイルランド語が国のなかでの少数民族によって話されるマイノリティ言語であり、それを国として保持する、あるいはそこにいるコミュニティにおいて英語とアイルランド語の二言語使用を保とうというのであれば成功する見込みもあるであろう。

ところがじっさいのアイルランドは、マジョリティにとっての民族語、すなわちアイルランド語が国語であり、その国語がすでに、英語に追いやられてしまっているのである。いまとなっては、英語は世界的汎用性を備えた言語である。英語が国家を超えて国際的重要性に直結する言語であるだけに、国として英語を話す人が多いという状態が百年以上も続いたときに、それを覆して実用的に両方の言語を使うバイリンガルを育てようというのは、難しいことである。

アイルランド語は、子どもの頃は学校の試験のためにできるようになったし、聞いてわかるところまではいっても、なにより話す機会がない、と多くの人は言う。アイルランド語使用地域でアイルランド人が店に立ち寄っても、村の人でいつもアイルランド語で会話をする人でなければ、英語で話しかけるのが普通である。アイルランド語使用地域でのインタビューのなかで聞いたことだが、「アイルランド語を話すからといって最近は以前のように経済的助けになるといったこともない。今では、アイルランド語はそれを話したいから話す、ということだけで成り立っている」と言う。これからどのような方向に、アイルランドは歩みを進めるであろうか。

いま起こっている言語交替

さきに見たように、言語交替は地域的なコミュニティを単位としてはひとまず三世代で起こってしまうものとしてみることができるが、アイルランドの国全体に英語が浸透するのには長い時間がかかっている。ここでいう「浸透」とは、あるひとの母語がアイルランド語ではなく英語になるという状況が徐々に拡大していく状態である。現在のアイルランドにおいては、アイルランド語を日常的に話す人口2%のなかに、母語がアイルランド語で第二言語が英語(アイルランド英語)であるという話者が存在する。このような話者のいる地域は、歴史的には、イングランド人の入植を免れた不毛な土地である。植民地支配の下、英語を介した教育を推しすすめるなかにあっても、カトリックの子女のための教育を教師が語りかける形でおこなった青空学校(hedge school)ではアイルランド語で教育がひそかに行われるなど、植民地政策のもと、一部の地域ではアイルランド語を話すコミュニティが保持されていたことが報告されている(Edwards 1981, Ó Cuív 1951)。

幸いなことに、全国的に言語交替が起こったといっても、一部の地域ではただちに英語の影響が及ばなかったのである。(「幸いなことに」というのは主観的判断の入った言葉ではあるが、現状を知ると多くのアイルランド人、多くの言語学者はそのような感想をもつことと思う。）このような地域は、日本でもいわゆる「田舎」の村などを想像していただければわかりやすいかと思うが、比較的、外部の人が入らないなどの理由もあって、土地の言語（日本の村においては方言）が保持されやすい。このような地域ではアイルランドが独立して以降、国の言語として、アイルランド語の使用が推奨され、政府も「ゲールタハト（アイルランド語使用地域）」として、特別な保護を行ってきた。そのようなことの結果として、今日まで生活のことばとしてアイルランド語が生き残った地域があるのである。

アイルランドの多くの地域においては、言語交替はおよそ百年前までに完遂しているのだが、ゲールタハトのコミュニティではいま、リアルタイムでその交替が起こっている。二〇〇五年、ケリー県のゲールタハト、ディングルの町での調査の折、自分のことばがわが子に引き継がれてはいないという父親から話を聞き、その方の語る言葉におおいに考えさせられた。インタビューに応じてくださった方は学校の先生で、アイルランド語母語話者であったのだが、愛娘は英語で育てたという。きっと、そうするのが良いと、自然なこととして選択する環境があったのだろう。

英語で話していると、その方はどこかかしこまった感じになる。わたしが書き取ろうとするとゆっくり正しく話そうと努めてくれる。母語話者であればもたないであろう、英語に対するどこか恥ずかしさの入り混じった気持ちを彼の言葉のなかに感じながら、一語一句を書き取った。とくに、アイルランド語について、それが失われていくこと、その危機感を彼は英語でこのように語ってくれた。

アイルランド語はアイデンティティバッジである。それを望むか望まないかは別の問題だ。アイルランドの人々、コミュニティの経験はすべてそのアイルランド語に隠されている。そのことばをわれわれが失くしてしまえば、自分たちの過去や経験とのつながりを失くしてしまうように感じる。土地の風景、自然とのつながりを失くしてしまうんだよ。

アイルランド語に対してこのような強い気持ちがありながら、また、アイルランド語使用地域における教員として日々アイルランド語での教育に情熱を注ぎながら、自分の娘は自分の話すアイルランド語を継承していないという現実がある。アイルランド語に民族の経験とのつながり、自分たちとの一体性を認める一方で、彼は父親として娘の将来にはまずもって英語での生活があるということを考えるでもなく考えたのかもしれない。百年前に多くのアイルランド人も同様の選択を強いられただろうか。あるいはもっと切羽詰まっていたのであろうか。

親のものとは違う、第二言語としてのアイルランド語

二〇一四年夏にディングルに滞在していたときにも、家庭内で起こっている言語交替を垣間見ることになった。ディングルは半島最大の港町で、入江の景観が美しく、夏はアイルランド国内外からの観光客でにぎわう。夕方近くに散歩にでかけ、偶然立ち寄ったお店の人とお話ししていたら、通りに面したカフェテーブルに案内され、そこでコーヒーをいれてくれることになった。ここに書くのは、穏やかな午後の通りで起きた出来事である。

ディングルの町でB＆Bを経営するご夫妻の十三歳の娘は、アイリッシュスクールに通い始めたば

かり。さっそく出た宿題に母もいっしょに奮闘する。母は今では英語が優勢なバイリンガル、娘は英語が母語であるが、ゲールタハトに住んでいるため、原則アイルランド語ですべての教科の授業を行うアイリッシュスクールに娘は通っている。娘は中学校に入って、アイルランド語で教えられる数学に難しさを感じ始めた。母も一所懸命に教科書に書いてあるアイルランド語を英語に訳そうとする。それでもうまくいかなくて母はご近所の店主に教えてもらおうと、店先にやってきて、「なんで十三歳の数学がこんなに難しいの、この教科書の英語版虎の巻を手に入れなきゃ」などと言っている。アイルランド人だから即ち教科書のアイルランド語がすんなりわかるということにはならない。

ディングル半島にはいまもアイルランド語母語話者がいる。正確なことは調べられていないが、高齢の方はアイルランド語が母語であることが多い。だから、そこに育った人はアイルランド語を話し、読むのも朝飯前なはずである。アイルランド語母語話者である父親ならば当然、娘の宿題の数学の問題文のアイルランド語は理解するであろう。だが、その父親が子どもの頃に話していたアイルランド語と、標準アイルランド語で書かれている教科書のアイルランド語はまた違うのだという。そんなことを教えてもらい、アイルランド語が得意な店主は問題を英語に翻訳し、わたしのほうでも昔身につけた中学数学の知識を駆使しながら、みんなでわいわいやって、やっとひとつの方程式が解けた。その場にいるだれ一人、教科書のアイルランド語と数学を完全にこなせないもどかしさに駆られた時間であった。「ジャパニーズプロフェッサーがアイルランド問題を解決したわよ」と、母が高らかに宣言してどっと笑いが起こり、ドイツ人の観光客も集まってきたとき、晴れた夏のディングルの夕映えの時間がひときわ輝きを放った。

ディングルで目のあたりにするのは、そのコミュニティでまさに言語交替が起こっている実態である。両親とも幼少期をバイリンガルですごしたとしても、英語が優勢になってゆくコミュニティにおいて子を授かり、英語を日常的に使う国で生活するということになれば、子どもは英語を母語として育つ。親のアイルランド語は娘には継承されず、娘は学校で新たに標準的なアイルランド語を学び、高いアイルランド語能力を身につけてバイリンガルを目指すという構図もここに見えてくる。

アイルランド語もさまざまで

アイルランドのテレビではTG4というチャンネルでアイルランド語を主要言語とした放送を視聴することができる。アイルランドで国営の公共放送局であるRTEも、時間帯によって、アイルランド語のニュースを放送する。放送で使われているアイルランド語は、主要な三方言である、コネマラ方言、マンスター方言、ドネゴール方言が中心であるが、とくにテレビではもっとも人口の多いコネマラ方言が使われることが多い。コネマラ地方の中心都市はゴルウェイであるが、そこからさらに西へ足をのばせば、もっとも広いアイルランド語使用地域に入る。わたしがフィールドとしている南西部はマンスター方言の地域で、アルスター地方に含まれるドネゴールは北部の地域である。話者の認識においては、コネマラ方言とマンスター方言は類似性が高いが、それらの方言の話者はアルスター方言を理解するのが難しいという。コネマラ方言とマンスター方言でさえ、発音に違いがあり、「鼻」「家」「じゃがいも」などの基本的な語彙にも方言差がみられるというから、複数の方言を聞き分けられるアイルランド語話者の知識には驚く。ゲールタハトのラジオ局の一つでは、たとえば夕方のニュースをさまざまなアイルランド語方言で順に放送し、学校教育はその地域のアイルランド語で行われている。高等学校修了試験のアイルランド語の口頭試験も、その地域のアイルランド語を用いるのだそうである。自分の住む地域以外のアイルランド語も話さなくても聞きとれるというのが望ましい能力であるととらえられている。

このような、アイルランド語が本来的にもっている方言差に重なって、さきに述べたような、母語話者のアイルランド語と放送などで使用されているアイルランド語があるというのがアイルランド語の現在の状況である。標準化された教科書的なアイルランド語があり、第二言語としてアイルランド語を話す英語母語話者であるレポーターやニュースキャスター、ナレーターが多くいる。母語話者にとって自然なアイルランド語と、学習者が学び、話すアイルランド語。その二つは乖離している。

アイルランド語母語話者が減少しつつある現在にあって、アイルランド語を保持していくことは、してのアイルランドのひとつの挑戦のようにも感じるところがある。母語話者がいなくなれば、自然言語としてのアイルランド語の成長はもはやない。アイルランド語しか話せない人がもはやいないと推測され、やがてアイルランド語を母語とする人がいなくなる状況をそう遠くない未来に迎えるかもしれないアイルランドにおいて、標準アイルランド語の使用を奨める現在の状況は、それでもアイルランド語をこれからも国家の文化遺産として、また国語として、保持し、できれば話せる人を増やすために必要な方策なのだろうか。

アイルランド語母語話者の嘆きの中心は、アイルランド英語話者の話すアイルランド語は英語化しているということにある。第二言語として話されるアイルランド語は母語である（アイルランド）英語から影響を受けるというのである。標準的なアイルランド語が、こんどはアイルランド英語の影響を受けて変化するのであろうか。もしそのようなことが起こるのであれば、すなわち体系として定着するほどの影響があるとすれば、逆説的であるが、母語話者のいないアイルランド語であっても、話者をもつ生きた言語としての姿をあらわしている、ということになるのかもしれない。言語ないし言語の変種は、コミュニティのなかにいくつか共存することになれば、お互いに影響を与えあうものである。このばあいには、アイルランド語がどれほど活発に用いられるかが鍵を握っているであろう。

変容するアイルランド語の価値

前に述べたように、最近では、アイリッシュスクールはただ純粋にアイルランド語で教育を授けるという第一義的な役割を果たすにとどまらない。とくに二〇〇〇年以降さまざまな国から人々が移民として、また市民として入ってくるようになって、学校にもさまざまなエスニシティの児童・生徒が通うようになる。そうすると彼らは英語が話せないものだから、授業も難航したり、進度が遅れたりすることがあり、そのような事情から、アイルランド人の親のなかには教育の質を考えて、アイリッシュスクールを選ぶ人が増えてきているようだ。

以前はどちらかといえば、アイリッシュスクールには貧しい人たちが通うということがあったそうなのだが、アイルランドの人口構成が変わりつつあるなかで、学校の役割も変わりつつある。アイリッシュスクールを選ぶ理由には、純粋に継承語(heritage language)であるアイルランド語を媒介とした教育を受けたいということではなく、副次的に得られる、よりよい(と信じる)教育の質を求めるということがある。さらにはある種の「ステータス」としても、アイリッシュスクールが選ばれつつある。アイルランド語は、民族言語的同一性を保証するだけではなく、現代においてはあらたな価値が加えられている。

夏季にゲールタハトで行われるアイルランド語の集中コースの合宿にも同様のことがうかがえる。子どもたちはアイルランド語の習熟度の向上を目指して、夏休みの数週間、ディングルやクリア岬といったゲールタハトの学校に集う。アイルランド語が日常的に話されなくなった現代では、アイルランド語を話そうとする態度やアイルランド語を尊重する姿勢に、アイルランド人としてのアイデンティティを見出すといったところがある(第三章参照)。アイルランド人の親たちは、わが子がアイルランド語の習得のために合宿に参加することを誇りに思う。そしてまた、友人や親戚、ご近所の人にもそのことを話し、共感と承認が与えられるとき、そこには、アイルランド語を子どもに習得させることがアイルランド人としてのふさわしい振る舞いであるという、コミュニティに共通の合意がある。アイリッシュダンスを上手に踊れること、アイリッシュダンスを子どもに学ばせることもまた、アイルランド社会においては同じように賞賛が与えられる。

ここにおいてアイルランド語は、民族性に対する肯定的な態度を表象する記号であると同時に、アイルランド社会における正統性をもまとった、象徴的な言語として機能していることを思わせる。事実、公の仕事に就くためにはアイルランド語能力が必須である。アイリッシュの親が子どもにはアイルランド語を習得させようと努めるところには、ひとつにはアイルランド人としての誇りがあり、ふたつには、アイルランド語教育が副次的にもたらすであろう、わが子のアイルランド社会における将来的な成功を願う気持ちがあるのかもしれない。

アイルランド語使用地域の存在

アイルランド語使用地域、ディングル半島北西部の村バリーフェリター(Ballyferriter)を訪れたとき、小学校の校長先生を務めるモリーン(Máirín uí Chonchúir)先生から話をきくことができた。校長先生といっても、私たちの抱く「校長先生」のイメージとは違って、授業を毎時間担当し、子どもたちと接する時間のもっとも長い先生である。子どもたちが帰った後は校長としての仕事に明け暮れ、教室の整理整頓までをみずからこなして働く。わたしが訪ねたその日も、午後三時半になって、ようやくランチタイムということだった。

モリーン先生が校長を務めるその小学校の全児童は六十六名。四歳児から十二歳まで八学年ある。親の言語は学年によって英語が強い学年とアイルランド語が強い学年があるが、児童のおおよそ半数はアイルランド語が母語ではない。二〇一五年九月に入学した九名のうち、アイルランド語を母語とする子どもが四名、英語を母語とする子どもが五名である。その五名は入学後二週間時点ではまだ先生の話すアイルランド語がわからない。先生はなんどもアイルランド語で同じ指示を繰り返し、自然に隣席の子どもが動作で教えるなどして、全員ができるのを待って進められる。

世界のどこにも目の前にいる子どもたちや生徒に一所懸命に知識を授け、愛情を注ぐ先生がいる。彼女は教育への情熱に加えて、自分のことばを継承することへの強い責任感をもつ。毎日へとへとになりながら、子どもたちにアイルランド語で語りかける。この学校には、校長先生も合わせて三人の教諭しかおらず、他に補助教員二名が他校との兼任で週に数時間やってくる。補助教員のおもな役割はアイルランド語がおぼつかない児童に補習授業をすることである。補習といっても、英語で教えてもらえるのではなく、あくまでアイルランド語を通してであるから、根気がいる。もしかしたら、むずかしい算数もその子にとっての母語で教わるのなら、すこしはやさしく感じるかもしれないけれど。

ゲールタハトにある学校ではすべてアイルランド語で授業が行われる。アイルランド語使用地域だからそれが「当然」のこととされているが、その「当然」を「当然」で保つところに努力が注がれているという実情に、見ぬふりはできない。ゲールタハトにおいても人口の流出入は激しく、アイルランド語を母語とする者が他の地域に転出したり、結婚などでアイルランドの他の地域から人が入ってきたりして、最近では両親ともアイルランド語を母語としない家庭もめずらしくはない。片方の親がアイルランド語でも英語でもないまったく別の言語を話すこともあり、ゲールタハトであっても日常的にアイルランド語を聞くことが少なくなった。

この地域では幼稚園でもアイルランド語で授業が行われるが、家庭の言語が英語であり、テレビや学校以外の場所、他の子どもたちとの接触により、どうしても英語で生活してしまうのだという。この「英語で生活してしまう」という感じを抱かせることが、なんともしがたい現実である。英語を話すことにどこか後ろめたさを感じているゲールタハトに住む人たち、ことばが伝わらない子どもにそれでもかたくなに「アイルランド語しか話さない」を守る先生の努力とわからないのにそこにいる子どもたち――。いちばんわかることばで学習ができない子どもたち――。モリーン先生はわたしに尋ねる。「言語の専門家からみて何かいいアイデアはない？」、「親たちに、子どもにアイルランド語を話すことがだいじだって、どうやってわからせたらいいだろうか」と。彼女はことばの話は「感情的な問題」だから親に下手なことを言えないとも言う。そしてまた、アイルランド語を子どもに話さない親を責めることはできないと添える。彼女のことばは真剣そのもので、わたしはほんとうに、どうすればいいのだろうかと考える。

ことばの継承は親の言語使用に左右される。親の言語使用には社会の現実がそのままあらわれる。親が自分のアイルランド語に自信がないときに、ゲールタハトに住んでいるからといって、どうやって子どもにそれで話しかけるというのか。母語としてのアイルランド語はある世代で消えてしまえば、もう返ってこないのかもしれない。その日の別れ際、モリーン先生はいつもこどもに言っているという言葉を教えてくれた。「ことばはそれを話す人なしに生きていけない(Beatha teanga í labhairt)」。彼女は今日も六時まで働くわと言っていたけれど、学校のあかりは午後九時をすぎても消えることがなかった。

アイルランドの人たちにアイルランド語の話をすると、ふたことめには「自分たちは話さないけど、田舎の方へいけばアイルランド語で話しているよ」などと返ってくる。もちろん、ゲールタハトのことである。アイルランド語を話している地域があるということ、アイルランド語を話すアイルランド人がいるということが、どこかしら安心感を生み出しているようなのである。ゲールタハトで夏の休暇をすごすときには、そこでアイルランド語が話題になることも少なくない。ゲールタハトには手つかずの自然がそのままに残っているから、その景観をもとめて、観光客は国内外からやってくる。国内での人気も高く、パブでは自分のアイルランド語を試したり、レストランやパブの厨房でのやりとりがアイルランド語でなされていれば「ここの人はアイルランド語を話しているね」と少しの驚嘆と温かな歓喜で囁くような雰囲気である。

　そこで働く人もきちんとそこのところをわきまえていて、アイルランド語で会話をする。母語が英語で、学校時代はアイルランド語が嫌いだったという人も、ゲールタハトで仕事をするようになったいまでは威勢よくアイルランド語を話している。はじめは間違うのが恥ずかしかったけど、お酒が入ったら流暢に話せたと言う。日本語母語話者の英会話にも似たところがありますね。そんなことを言ったら「ほんとに？」って、彼女は目をまるくして喜んでくれた。

　アイルランドにおいてゲールタハトは、そこに行けばアイルランド語を聞くことができるという期待感と、そこのひとたちは自分たちの言語をきちんと話しているんだという安心感を背負っている。そしてまた、そこに生きる人々は自分たちの言語と文化に誇りをもち、その期待にこたえようとしている。ときに、授業についていくのが難しい子どもたちを生みだしながら、教育現場では先生たちが日々奔走しながら、それでも与えられた宿命のなかで生きているようなところがある。

　アイルランド語保持への取り組みは国家的な政策でもあるが、それ以上に、アイルランド語を話すことはアイルランド国民の民族的な精神的支柱であるのだ。アイルランド人にとっては、ゲールタハトはなくてはならない場所であり、多くの人々にとって、そこに行けば自分は話さなくとも国のだれかが話してくれる場所である。アイルランド語こそが自分たちの言語なのであり、のちにみるように、アイルランド語は、民族言語的同一性に裏打ちされた民族語として、国家の言語として、アイリッシユネス（アイルランドらしさ、アイルランド人であること、アイルランド性）の感覚の根源に存在しているように思われる。

第三章　アイルランド語への思い、英語への思い

なまの声をきく

大学時代アイルランドに留学していたとき、なぜこの国の人たちは土着のアイルランド語を話さなくなってしまったのだろうと考えるようになった。当時のわたしは、もし日本の日常的な言語が日本語から英語に替わったらと想像して、そんなことがじっさいに起こってしまったアイルランドに驚いていたのかもしれない。その気持ちのままに、卒業論文では言語とアイデンティティについて、アイルランドの事例から考えることにした。言語交替がなぜ起こったかについては、文献を見ながらこうであろうと自分なりに考えをまとめることができたのだが、現代のアイルランドの人たちがアイルランドで起こったアイルランド語から英語への言語交替をどう考えているのか、いま英語を話していることをどう思っているのか知りたくなって、アイルランドの友人と先生にアンケート用紙を十部ほど送った。そうしたら十一月も終わりになる頃だったか、どさっとアンケート用紙の束が届けられた。アンケートを一部お送りした、コーク大学のエリサベス・オケーシャ（Elisabeth Okasha）先生がその用紙をコピーして受講学生の回答を集めてくださったものだった。

卒業論文の締め切りまでにアンケートの全部に目を通し、分析まで終える自信のなかったわたしは、送られてきた束を部屋の端っこに置き、しばらくは見ないふりをした。パッと見たところ、けっこう文字が書かれている、きっと無理だ。それでも部屋の隅で日々存在感を増す用紙の束に、とうとう手を伸ばさずにはいられなくなった。二部、三部と順に目を通していくうちに、ひきこまれる。いつしか「せっかく送ってもらったのだから」などという動機づけさえ要らなくなるほどに、全部読みたいというつよい気持ちが自分を支配していた。アンケート結果の分析のしかたもなにも勉強しないまま、アンケートに書かれた言葉をパソコンに入力する。作業をするうちに、だんだん文字に引き寄せられ、回答者の思いに飲み込まれ、時間を忘れて没頭していた。

アンケートは自由回答方式、回答数は１０３、回答者の九割以上がコーク市在住の二十歳代である。アイルランドの人々の言語観およびアイルランド語から英語への言語交替についてのとらえかたを知るための10の質問項目がＡ４用紙二枚に含められた。ぎっしりと書かれた、ときに解読のむずかしい文字の走る、回答用紙の束を前にしながら、回答者のアイルランド語への思いや言語交替に対する意見の重いこと、その筆圧に押されるような気持ちがしていたことを思い出す。

アンケートの質問項目は次のとおりである。

1　英語は誰のものですか。

2　「よい英語」とは何ですか。誰が話していますか。

3　自分のことばをあらわすのに「英語」と「アイルランド英語」のどちらがふさわしいでしょうか。（ほかの呼び名があれば書いてください。）

4　あなたの英語と他の英語とでは違いはありますか。あるとすれば、それは何ですか。
（a）「イギリス英語」とくらべて。（b）「アメリカ英語」とくらべて。

また、「イギリス英語」と「アメリカ英語」では、どちらがあなたのことばに近いですか。
(a)イギリス英語　(b)アメリカ英語　(c)同じ程度　(d)どちらでもない　(e)その他
5　あなたがアイルランド英語だと思う表現や語句をあげてください。日常会話ないし読書から、どんなことでもどうぞ。
6　なぜ日常生活でアイルランド語ではなく英語を話しているのですか。
7　アイルランド語から英語への言語交替をどう思いますか。
8　言語交替に対するあなたの見方や意見を書いてください。
9　アイルランド人はアイルランド語を学ぶべきだと思いますか。理由も書いてください。
10　その他なんでもご自由に。

本章では、アイルランドの人々の言語交替に対する見方と言語観を知るために、これらの質問のうちとくに考察の手がかりとなるものを選び、その結果の傾向と回答を紹介していく。アンケートに書かれた言葉はすなわち、回答者の「なまの声」である。アイルランド語から英語への交替をどう思っているのか、アイルランドの人々が英語、アイルランド語をどのようにとらえているのか、そのあたりのことを探ってみたい。

言語交替への思い

アイルランド語から英語への言語交替をどう思うか。一九九九年のアンケートでは、そのことを直截的にアイルランドの人々にきいてみた。自由に記述された回答はいくつかのパターンに分けて整理することができる。回答者１０３人のうち，否定的なコメントをしたのが39人（37・9％）、肯定的なコメントをしたのが７人（６・８％）、肯定と否定との入り混じったコメントをした人が15人（14・６％）、言語交替を受容する態度の表れるコメントが12人（11・７％）、無関心の態度をしめす回答をした人が３人（２・９％）、その他の回答８人（７・７％）、無回答19人（18・４％）という結果であった。否定的な態度には、「悲しい（sad）」「不公平な（unfair）」「恥（shame）」「惨事（disaster）」「ひどい（terrible）」「不運な（unfortunate）」「間違った（wrong）」「むごい（cruel）」「悲しみ（pity）」「後悔（regret）」「残念な（sorry）」「がっかりする（disappointing）」といった言葉が含まれる。肯定的な態度としたものには、「利益（benefit）」「幸運な（lucky）」といった回答が含まれる。受容の態度の表れるコメントというのは、たとえば、「歴史のなりゆきだった。その状況下にあってはどうすることもできなかった」といったコメントを意味する。

四割近くの人が言語交替を悲観的にとらえているのであるが、そこには、アイルランド人であるという民族的な誇りに直接的に結びついたアイルランド語が失くなっていくことを憂う気持ちが表れている。否定的なコメントについで、肯定と否定との入り混じったコメントが多くみられたことも、言語交替に対するアイルランド人の複雑な気持ちを理解する上で重要であるように思われる。つぎの引用は、アイルランドの人々の思いを代表しているかもしれない。

英語を話す国々の経済的な成功によって、英語は最終的にはアイルランドを前進させるのに役立った。そうは言ってもやはり、アイルランド語は私たちのほんとうの言語なのだから大きな悲しみである。

このようなコメントのなかに、アイルランド語が「私たちのほんとうの言語(our true language)」であることが語られる。言語交替について否定的な見方をする人は、アイルランド語を自分たちの文化の一部であると考え、言語交替をアイデンティティの喪失と結びつけてとらえていた。否定と肯定の入り混じった見解を示す人も含め、肯定的な見方には英語の利便性と国際性への言及があった。アンケートには「なぜアイルランド語ではなく英語を話すのか」という問いも含まれたが、そこにはイギリスの植民地支配といった歴史的背景を述べるもの、自分が生まれたときには英語の環境にあったという、環境に言及したコメントが多くあった。「言語交替をどう思うか」についても、生まれた環境に触れた、つぎのような回答があった。

私は英語で生まれ育った。言語交替などということにほとんど気づきもしなかった。けれども、他の外国語を学んだ後で思うことだが、自分たちの言語を忘れないでいることが重要だ。

アイルランド人の多くが英語で生まれ育つようになった現在において、祖先のことばがアイルランド語であったということは多くの人にとっては日常的には意識しないことがらになっているのかもしれない。この調査は一九九九年に行ったものであるが、言語交替が起こったことをもはや意識しないという人がこれからは増えていくであろう。その一方で、ふだんは意識しなくとも、ヨーロッパの個別言語であるフランス語、ドイツ語、スペイン語などと並べて、言語と国家の結びつきの際立つ背景に置かれたときには、アイルランドの人々は「自分たちの言語」を話すことの必要とそれを日常的に話していないという欠如に直面するかもしれない。

「言語交替をどう思うか」の回答欄に書き込まれた言葉にはアイルランド語の復活を願うものが８回答あったことも注目される。そのなかには「アイルランド語が第一の言語であったら」というものもあった。アイルランド語の復活について書かれたものは、それを楽観視するもの、悲観視するものの両方があった。

アイルランド語は私のネイティブ言語で、幸いなことにここ数年でまたひろく用いられるようになってきている。

一方、つぎの回答はアイルランド語の衰退を嘆かわしく思う声の一つである。アイルランド語の母語話者でなくても、せめてアイルランド語と英語のバイリンガルであったらという思い、アイルランド語を話していたいという願いが回答に表れている。

自分たちの国のことばがこのように衰退してしまい、ほぼなくなってしまったことはとても悲しい。アイルランド語がアイルランドの第一言語であるか、せめて私たちがバイリンガルなら、まだいいのにと思う。

人の土着語を取りあげてそれを外国語に替えてしまうのはひどいことだと思う。私は英語とアイルランド語のバイリンガルでありたい。国のアイデンティティであり、文化の一部として、自分の土着語を話すことは大切ですよね。

この最初のコメントにある「第一言語」はもっとも使用される言語という意味であり、アイルランドの人々はそれがアイルランド語であったらと願っている。アイルランドの憲法にあるのはアイルランド語が「第一公用語」であるという規定であるが、実際に日常生活でもっと用いられていることば、すなわち事実上の第一言語は英語である。アンケートには、アイルランドの人の多くが英語をいうのに「母語」ではなく「第一言語」という言いかたをすることが傾向として示されている。ここにもアイルランドの事情、人々の思いが垣間みえる。

さらに、言語交替についての考えをみていくなかで、アイルランド語が「私たちのほんとうの言語（our true language）」、「自分たちの国のことば（our national tongue）」というふうに表現されることも、確認される。ここにあげた以外にも、アイルランド語は「私たちの土着の言語（our native language）」「私たち自身の言語（our own language）」などと表現される。アイルランド語を表すこのような言葉とともに、自分たちのことばを失った悲しみが語られるのである。

アイルランド語をどう見ているのか

「アイルランド人はアイルランド語を学ぶべきか」の質問に対する回答をみてみたい。自由回答形式であるが、「学ぶべきである」という肯定回答が82人（79・6％）、否定回答が2人（1・9％）、「個人による」という回答が6人（5・8％）、無回答13人（12・6％）という結果であった。肯定的回答をした人の多くは、言語の文化的側面に触れ、26人（25・2％）がアイルランド語を自分たちのアイデンティティと関連づけた。そのなかには、「アイデンティティ」「私たちが何者であるか（who we are）」「国家的アイデンティティ」といった言葉で表した人がそれぞれ４人、「文化的アイデンティティ」という言葉で表した人が２人、「ほんとうのアイデンティティ」と表した人が１人含まれる。もっとも典型的な回答は、アイルランド語は自分たちの文化でありアイデンティティであるというものであった。

　アイルランド語に対する見方は、文化とアイデンティティとの結びつきを答えるもの以外には、「自分たちが何者であるかの象徴（a symbol of who we are）」「私たちのことば（OUR language）」「ポジティブな自己像のため（for positive self-image）」「ルーツ（roots）」「遺産（heritage）」「将来世代にとっての文化の印（emblem of culture for future generations）」「自分の生まれた環境と歴史に気づいている（aware of their back-ground and history）」「相応の敬意をもって（with due respect）」「国民としての誇りを築くため（to develop a sense of national pride）」「私たちの土着のことば（our native tongue）」「私たちの母語（our mother tongue）」「私たちの本来の土着の言語（our original native language）」「国家の言語（a national language）」「私たちの国家遺産（our national heritage）」「私たちの権利（our right）」といった言葉で表現された。

　アイルランドの人々はアイルランド語に対して、このように強い思い入れがある。アイルランド語を自分たちの文化、民族、国家、さらには「私たち」に直接的に結びつくものであると考えている。遺産として大事にすべきものであるという認識があり、敬意の対象であり、自分たちのアイデンティティを根底から支えるものとして、あるいは民族的な誇りの中心にあるものとして、アイルランド語をとらえていることがわかる。回答をいくつか紹介しておこう。

私たちは日常的には英語を用いているが、アイルランド語が国民としてのアイデンティティの一部であるということを考えておく価値はある。どんな国でも、自分たちのネイティブ言語を保持し、用いることは重要である。

世界のほかの地域から自分たちを区別しているのは私たち独自の言語である。すなわち、ことばは文化の一部である。

アイルランド語はアイルランド人をアイルランド人たらしめている中心である。英語の習得は大きな利点である。ただ、私たちの多くがアイルランド語を失ってしまったことは悲しみである。

なかにはIrishness(アイルランド性)という言葉で、アイルランド語が自分たちの民族性に与えるものに言及するものもあった。

アイルランド語は私たちを他から区別しています。アイルランド語は自分たちのものへのつながりであり、これからの世代のための私たちの文化の象徴です。私のIrishnessはアイルランド語を話すことではないということは間違いないけれど、アイルランド語はIrishnessの重要な一部であり、アイルランド人という存在に基礎的、文化的に寄与するものとして確実な基盤なのです。

アイルランド語は我々の文化とアイデンティティの一部である。アイルランド語のいくらかの知識もなくなってしまえば、我々は何者でもなくなる。アイルランド語は保持されるべきことばである。もしそのことばを失ってしまったら、自分たちの Irishness の感覚は不完全なものになるだろう。

「アイルランド語を学ぶべきかどうか」という問いに対する回答のなかには、アイルランド語の復興を願う声、さらには復興のためにアイルランド語の学校教育ないし教授法が改善されるべきだといった意見が際立った。

「アイルランド語を学ぶべきです。」歴史と伝統の中心ですから。ますますアイルランド語が失われている状況にあって、今日の人々は失われていくものの大きさや影響に気づきます。それに、アイルランド語を学校で習うときに、知っていてあたりまえというような形ではなく、外国語のように教えられていたら、もっとよく学べていただろうし、好きになっていただろうとも思うのです。

アイルランド語を学ぶべきだと思いますが、アイルランド語が教えられるやりかたを変える必要を感じます。じっさいには話すことがもっとも重要な言語の側面であるのに、あまり話すことに重点が置かれていません。みんながアイルランド語を流暢に話すようになれば、それから文学や詩をやればいいのです。

アイルランドでの調査や現地の人とのなにげない会話でも、アイルランド語を学んでもうまく話せないといった声、学校の科目で難しかったから苦手、学んでも使う機会がないから忘れてしまう、といった声が聞かれる。じっさいアイルランド語は多くの地域では話しことばとしての機能を失っているので、民族語の継承という観点からも詩や文学を通してアイルランド語を学ぶことが学校教育の中心となってきたのであろう。

アイルランド語は、多くのアイルランド人にとって、一教科として学ばれる言語であり、日常的に使うことのない言語である。そして、アイルランド語を話すということから彼らを遠ざけてしまう、その極めつけともいえるのが、彼らが話しているのが国際語としてたいへんに汎用性のたかい英語だということである。言語はやはり使う目的や話す場があってこそ、学ぶ動機になる。アイルランドにおけるアイルランド語の教育も、その言語を話せるようになったらこうしたいといった将来の自分に結びつく魅力と話す場がなくては、学習者を動機づけていくことは難しい。学習者自身が、いま学んでいる言語を使う場が想像できなかったり、その言語に魅力を感じなかったりすれば、学ぶ単語も文法もたんに試験のための勉強になってしまい、さほど学習意欲が湧かないということは、日本の英語教育も含めて、第二言語および外国語教育一般に言えることかもしれない。

アイルランド語のばあいには、やはり、学習する言語が自分たちの民族語であるというところが、意識せずとも、すくなからず精神的な負担を生んでいそうである。アイルランドの民族的意識、アイリッシュとしての誇り、アイルランド国民であるといった帰属意識があるために、アイルランド語を話さないことに対して、後ろめたさや、恥ずかしさを、いやがおうにも感じさせてしまうところがあるのだろう。その気持ちによって、話すためのアイルランド語教育への渇望の声も強められ、形としてあらわれやすいのではないかと考えられる。

英語をどう見ているのか

「英語は誰のもの？」ときかれたら、どのように答えるだろうか。英語のところを換えて、「日本語は誰のもの？」ときかれると、どうだろう。これをWho do you think the English language belongs to?（英語は誰に属していると思いますか）という問いでアイルランドの人にきいてみた。

百名ほどの自由回答なのでさまざまな表現がみられたが、似ている回答を束にしていくと、いくつかのカテゴリが浮かびあがり、それをさらに大きく括るという方法で回答を分類した。回答は、「ユニバーサルな見方」と「イングランド人ないしイギリスに属するという見方」という二つのグループに大きく分けられる。ユニバーサルな見方とは、「英語はみんなのものである」に代表されるような見方である。英語は誰かに属するのではなく、みんなに属する、あるいは特定の個人、集団に属さないという見解に代表される。ユニバーサルな見方には、「英語話者なら誰でも」（33回答）、「話したいと思っている人、英語を話すことを選んだ人」（11回答）、「学習者も含めてすべて」（7回答）といった回答および「誰のものでもない」（12回答）という回答が含まれる。イングランド人ないしイギリスに属するという見方には、「イングランド人のもの」「英語が土着の言語であるイギリス人に属する」「本来、イギリスに属する」「第一義的にイギリス人のもの」といった回答が含まれる。この質問に関する回答を集計した結果、ユニバーサルな見方が全体の61・7％（63回答）、イングランド人に属するという見方が19・4％（20回答）、「我々アイルランド人」と答えたものは1回答であった。

その他の回答には、「英語母語話者すべて」（5回答）、「英語が自分の第一言語だと思う人」（2回答）

があった。無回答数は4である。回答数が1だったものをすべてあげると、「アングロサクソン」「イギリス人とアメリカ人とオーストラリア人」「イギリスが植民地化した国々」「すべてのヨーロッパ人」「おもに西洋世界」「流暢に話す人」「国際的なビジネスマンとイングランド人」「アイルランド語は私に属する」であった。

この質問の回答傾向をどのように考えればよいだろうか。英語を話しながらもどこかよその言語を使っている、そんなスタンスを感じるかもしれないし、アイルランドの人たちの英語観を寛容に思う人も多いかもしれない。まだ調べてみたことがないのでわからないが、イングランドの人に同じ質問をしたら、おそらくはちがった回答傾向があらわれることと思う。あるいは、英語が世界のあちこちで、また多くのコミュニケーション場面において聞かれるようになった現在にあっては、英語に対する見方も地域を超えて収束をみせていくだろうか。

「英語は誰のもの？」という質問に対してアンケートに書かれた回答をひとつ紹介しておきたい。

英語は、今も、これからも、国際的な媒体でそれ自体使い勝手のいいものだと思う。したがって、英語は多くの国に属しているが、それぞれの地域でその文化とすでにある英語以外の言語を反映した独自のものである。

世界のさまざまな地域で英語が話される今日において、アイルランド人のこのような「ユニバーサルな英語観」は示唆的である。地域を超えて伝わる英語、地域の文化の諸側面を映し出す英語、そういった認識を伝える回答である。このアンケートを実施してからもう十八年が経つが、当時にあってこのような見方は先駆的でさえあるのかもしれない。世界にさまざまな英語を認め、英語がどこかに渡ったときに、そこにある現地のことばと接触して多様な形態が生まれ、それを英語というひとつの言語のなかに許容する。そして多様性をもちながら、異なる文化的背景をもつ人々の意思疎通を可能にする。「世界諸英語（World Englishes）」の考え方に通じるものである。

「英語」それとも「アイルランド英語」？

アイルランドの人々は英語に対してユニバーサルな見方をしている一方で、自分たちの話す英語については、それを「アイルランド英語」として区別してとらえる傾向がある。調査から明らかになったことのひとつは、アイルランド英語の話者は自分たちの話す英語を他の英語変種と区別していて、自分たちの話す英語にはアイルランド語からの影響があるという意識をもっていることであった。

質問項目「自分のことばを表すのに英語とアイルランド英語ではどちらがふさわしいですか？」においては、「アイルランド英語（Irish English）」と答えた人が59人（57・3％）、「英語」と答えた人が34人（33・０％）、その他が10人（9・7％）という結果であった。その他には「アイルランド英語（Hiberno-English）」、「豊かになった英語（enriched English）」というような回答があり、地域を限定した「コーク英語（Cork English）」などの回答も見られた。

自由回答欄に書かれた回答も多くを教えてくれる。「アイルランド英語」が自分たちのことばを表すのにふさわしいと答えた人の多くは、自分たちの英語はアイルランド語の影響を受けていると考えていることがわかる。

アイルランド人として英語に独自の解釈を育んできた。

アイルランド英語には他にない語や言いかたが多くあって、アイルランド語から派生している。**amadán** のように、アイルランド人はよくアイルランド語の語を英語に入れて用いる。

「アイルランド英語」よりも「英語」が自分たちのことばを表すのにふさわしいと答えた話者の回答は、さまざまな地域変種があっても、結局のところはすべて英語だという考えのもとで書かれている。

アイリッシュ、スコティッシュ、アメリカン、オーストラリアンなどなど、数々の英語があるが、「すべて」英語であると、強く感じる。

そのほかには、「レポートでは英語、ふだんはアイルランド英語」というように使い分けて用いるという興味深い回答が得られた。日本語話者のなかにも、同様の言語感覚をもっている人がいるであろう。レポートは「標準語」で、ふだんは「大阪弁」などということがあれば、近いものが感じられるかもしれない。アイルランドのばあいには、植民地支配という歴史のために、英語に対して他者のものという感覚を抱いている人がいることなど、重要な違いがあることには気づいておかなければならないのだけれど。

つぎの回答には、民族のことばであるアイルランド語を話さなくなった現在において、アイルランドらしさをもった英語を話すことが自分たちのアイデンティティにとって重要であることが示されている。

「アイルランド英語」のほうがいいと思います。アイルランド英語というほうが違いが出るし、自分たちの国語を話していないにしても、自分たちの国民的アイデンティティを保持するからです。

さらに「あなたの英語と他の英語とでは違いがありますか。あなたがアイルランド英語だと思う表現をあげてください」という質問では、約九割が他の英語との違いがあると答え、とくに語彙、挨拶表現、言い回しに触れてアイルランド英語の特徴を記入した回答が多く寄せられた。以下はこれらの質問の自由回答欄に書かれたコメントである。代表的なものを紹介したい。

じつはあまりアイルランド語は得意ではないのですが、それでも自分の知識量には誇りをもっています。これも自分がどのように英語を話すかになんらかのかたちで影響を与えています。ですので「アイルランド英語」という語[が自分の英語を表すのにふさわしいと思います]。

アイルランドの人々は、ほとんどの場所でアイルランド語を話さないけれど、アイルランド語は私たちが話す英語に影響している。アイルランド語の文から英語への直接的な翻訳が私たちの

「言いかた」にはあって、イギリス人はそれを欠いている。

アイルランド語はアイルランドで話される英語のありように影響を与えてきた。たとえば、She is inside in Roches Stores.（彼女はロチェスストアの内側にいる）など。イングランドでこんな言い方を聞くことは一切ないでしょうから。

このinside inという表現は、アイルランド語のistigh iの直訳そのままであり、アイルランド英語の話者は英語の器にのせたアイルランド語の表現形態をどこかで楽しんでいるのかもしれない。自分たちの話す英語にはアイルランド語からの影響があるという意識が人々にはあり、さらにそれによって他変種との差異化をはかっていることが全体的傾向として示された。

「英語は誰のものか」という問いの回答からわかったように、アイルランドの人々は英語に対して、誰かないし特定の国に属するものではないという見方と、それよりは少ない割合で、イギリスに属しているという見方があり、自分たちの話す英語にはアイルランド語から受け継いだものがあると認識している。一方で、「言語交替をどう思うか」と「アイルランド人はアイルランド語を学ぶべきか」の回答に強く表されたように、アイルランド語こそが「自分たちのほんとうの言語」であり、自分たちの文化、民族、国家に直接的に結びつく言語であると認識しているのである。じっさいに日常的に話す言語が「自分たちのほんとうの言語」ではないところに、悲しみや後悔やそれを話せたならという願望が生まれる。その思いの多くはそのままのかたちで日常のどこかに置かれつつも、人々はいま話している英語に「アイルランドらしさ」という民族的帰属への思いをつなぐ。

第四章　話者の言語意識にせまる

はじめての言語調査

言語学を学び始めて自分のフィールドというものを考えるようになったとき、わたしにはアイルランドをおいてほかにはなかった。自分が留学していた国のことばのことをもっと知りたいと思っていたからである。そしてその根底には、第三章で述べた、言語とアイデンティティに関するアンケート調査があった。百余りの回答を入力しながらわかってきたことがあり、さらに、アイルランドの人々が英語とは異なるものとして認識しているアイルランド英語のことばの実態を知りたいという気持ちがあった。そのようにしてわたしは、二〇〇二年の夏、大学院修士課程のときにはじめて、言語調査の目的でアイルランドに渡航した。

言語調査といっても最初はなにをしていいのか、誰に相手をしてもらったらいいのかわからない。留学していたときの街コークには友人もいるし、先生もいる。とにかくそこに行けばなんとかなるだろうと思い、出発した。けれども、大学は夏休み。頼みに思っていた先生は出張中で、昔の友人は海外留学中だった。はて、どうしようか。とにかくなにかしなければと、街へ繰り出してパブに入っては現地の人の言葉とリズムを自分の耳に集め、ときにはICレコーダーを片手に通りに立ち、自然発話を収集すべく、インタビューのまねごとみたいなことを始めてみた。

渡航までにはできるかぎり、アイルランド英語に関する文献にあたった。なかでも、マルック・フィルプラ(Markku Filppula)先生の『アイルランド英語の文法——ハイベルニアンスタイルのことば』(Filppula 1999)は、アイルランド英語の文法を知る基礎を与えてくれた。副題にある「ハイベルニアンスタイル」というのは、「アイルランド式」の意味である。Hibernia はアイルランドを表すラテン語で、Hibernian はその形容詞形である。アイルランド英語を意味する Hiberno-English のハイバーノもここからきている。フィルプラ先生はこの本のタイトルに Irish English ではなく Hiberno-English を使いたかったのだそうだが、わかりやすいほうがよいという出版社の意向があって、メインタイトルを Irish English としたうえで、それでもこだわってサブタイトルに Hibernian という言葉を入れたそうである。

フィルプラ先生の『アイルランド英語の文法』は、先生がおもに大学院生の頃にクレア県、ケリー県、ウィックロー県、ダブリンの四つの地域をまわって集めた録音データを文法項目ごとに整理して記述したものである。標準英語からみたときにそこから逸脱するものを「文法特徴」としてとらえ、さまざまな文法特徴を文例とともに紹介し、どのような影響がアイルランド語からきていると考えられるか、もしくは古い時代の英語を保持していると考えられるのかといった観点から、詳細にわたって考察している。わたしはフィルプラ先生の考察をわくわくする思いで追いながら、アイルランド英語の文法特徴への興味を深めていった。さらに、疑問に思うところ、もっと考えるべきことがあるかもしれないと思うところを自分のノートに書き入れ、じっさいに現地に行ってたしかめてみようと考えていた。

現地に行ってまずなんとなく気づいたことは、アイルランド英語はフィルプラ先生の本にあるような特徴ばかりが目立つものでもなさそうだということであった。カフェや通りで耳に入ってくることばを聞いていると、どうやらもっと現代的なんじゃないかという気がしてくる。フィルプラ先生の文法記述のもととなったインタビューは一九七〇年代の高齢者を中心に行われていたから、対象となった話者は一九〇〇年から一九一〇年頃に生まれた人たちである。そうであるのだから、本に載っている文法特徴のなかには、現在では廃れているものがあるのかもしれない。その一方で、いまでもさかんに会話に出てくるようなものがあるのではないだろうか。そもそものような文法の変化はどのようにして起こるのだろうか。現地で興味はますますふくらんだ。

コミュニティに入る

わたしのアイルランド英語研究はこのようにして始まった。アイルランド語と英語の接触によってできた言語の文法はどのようになっているのか。アイルランド英語の文法特徴のなかで、あるものは今日でもさかんに用いられ、あるものは廃れているのだとしたら、それを決定づけるのはなにか、そこにどのような要因がどのような過程で関与しているのかを明らかにする。気がつけば、それが自分にとっての大きな研究テーマになっていた。

そのような関心をもって、アイルランド英語話者に出会い、対面し、アイルランド英語と対峙するとき、話者はこちらがかってに慕う師であり、そのことばは自分の手にすべてをすくい取りたいほどにキラキラして見える。また、その土地で生活をすると、そこでのあたりまえに日々さらされる。そのコミュニティで人々は何を大切にして生活しているのか。言語を通したコミュニケーションにおいて、言語情報すなわち言葉それ自体がもつ意味のほかに、何を交換しているのか。文法に関心をもって調査を進めるのであるが、その文法の扉にたどり着くまでの過程には、現地での滞在を通して、そういったメタ言語的な部分やコミュニティを特徴づけるような要素も、見えてくるようになる。

フィールドに通うことで、すこしずつ分かり始めるものごとがある。さらに定期的に訪れることができれば、変化も見えやすい。地域の人々もまた、最初はお客様として、しだいに友人として、家族として、だんだん顔なじみになれば「ローカル」、すなわち地域の人として、受け入れてくれるようになる。土地のことは土地の人がよく知っているし、困ったときでも心強い助言をくれる。土地のことばのことも、その土地の人につきあってもらえる範囲で聞いて、ことばの輪郭、ある文法形式に関しての調査の手がかりがうまく得られることもある。当然のことだが、わたしがフィールドを離れて日本にいる間にも、その土地の出来事があり、コミュニティの変化がある。友人となった調査協力者の死にも、ときに直面する。ふたたびフィールドを訪れたとき、自分もその文脈にいるのだと実感する。

いまこの文章を書きながら、現地で出会った人々のこと、出来事のことを早送りで思い出している。たとえば、コークの友人家族が「絶対に行くべきだから」と車でリストールの町まで連れて行ってくれた日のこと。ひとりでパブ、ジョン・Bのドアを開け、メアリ・キーンに会った（第一章「パブで耳を傾けて」参照）。つぎの夏には、アルコール度数の高い日本からのお酒にみんながどう反応するか見たくなって、お土産に泡盛を持ってジョン・Bをふたたび訪れた。パブを切り盛りするビリーが、店にいるみんなに泡盛の小さなグラスをまわして、「カンパーイ」。次の日、通りを歩いていたら、知らないはずの人が「Saki!」(「酒」をアイルランドのひとが元気に発音するとこんなふう)と手を上げて挨拶してくれた。きっと前の晩、あの乾杯の輪にいた人だ。最近は、パブのドアを開けると顔なじみの人がいて、また帰ってきたよと思う。

フィールドに通うようになった最初の頃は、ことばのことを調べたくても、その場の空気を壊したくなかったり、言語学徒であるよりもひとりの友人でありたい気持ちのほうが強くなったりしてしまって、ノートやレコーダーを取り出すことができなかった。この状況はいまもあまり変わっていないけれど、最初の頃よりはその場そのときどきの自分の感覚を信頼できるようになった。フィールドでの心の葛藤にも自然体で向き合うようになっていて、友人か研究者かの二者択一のなかにフィールドにおける自己を規定しようとするのではなく、友人であり研究者であるところの自分をそのままに出すようになった。なにより、現地の人たちに少しずつこちらの仕事を理解してもらいつつあることも、おおきな力になっていると感じる。

フィールドで気づくこと

フィールドワークというのは、調査地におけるさまざまな活動を包括的に指し得ることばである。当該の活動に研究者みずからも入って行う参与観察のほか、言語学のばあいには言語に関する質問式調査、インタビュー調査などを行いながら、コミュニティに入ってその言語の話者と時間と空間をともにする。言語そのものとそれと密接に在る文化、コミュニティの空気をも調査者が感じることができ、現地で生活をしなければ得られない知見と考察を得ることができる醍醐味がある。ことばは人が話すものだから、とくに個別言語の研究においては、コミュニティに入って可能な限りの時間をそこで過ごすことで、その言語の話者の言語意識を知り、言語知識の内実を明らかにすることができる。

言語学者が個別言語の文法を記述しようとするときには、母語話者の直観を手がかりにその細部を少しずつ明らかにしていく。母語話者としての内省のきく言語を対象とするのでなければ、その言語を話す人に協力していただくことになる。その言語を話すネイティブの話者、すなわち「生え抜き」とよばれる、その土地に長く暮らす高齢者にインフォーマントとして協力してもらうのが伝統的なやりかたである。

母語話者の言語知識を詳らかにしていく作業は、多くの質問と回答のやりとりから成る。わたしのばあいには、アイルランド英語について調べたい事項をもって調査に向かう。ある夏はこの部分、つぎの夏はこの部分、というふうに。ひと夏終わって調査のまとめを作っているとまた調べてみたい細かな事項が出てきて、といった具合である。

慣れてくればインフォーマントの方から、「今年は何を知りたいの？」とか、「さきに我々の仕事our businessをやって、それからお茶にしましょう」などと言われることもある。こうなると一緒にプロジェクトに取り組んでいる仲間のようになる。インフォーマントの一人、エルシーはわたしを先導して、日程や時間をきちんと組んでくれた。彼女はこちらの聞くことに、できるだけ丁寧にこたえてくれ、わたしも自分のことばでそれを確認する。そしてさらに、彼女も内省を重ねて、「文法」を手繰り寄せるのにさらに湧き出すこちらの質問にまたことばをくれる。その繰り返しなのだが、日本に帰国してフィールドノートを整理するときには、またつぎの調査にむけての課題が見つかる。

協力者を得て、文法に関する調査を始めていくうちに、話者の言語知識に関してすこしずつ分かることがあると同時に、ひろく、話者の言語意識に関しても自分なりのアサンプション、すなわちこうであろうという推測、想定のようなものをもつようになった。そのコミュニティで人々は何を大切にして生活をしているのか。言語を通したコミュニケーションにおいて、言語情報すなわち言葉それ自体がもつ意味のほかに、何を交換しているのか。そういったことも、見えてくるようになる。

言語使用の背後にある話者の意識

おもに二つの市町で複数のインフォーマントとの言語調査のセッションを重ねるなかで、言語に内在する文法の知識に加えて、話者はなんらかの意識をもっていると感じることが多くなった。それは、文法形式に対してもつ、「正しさ」と「アイルランドらしさ」に関する意識とでも呼べるようなものである。調査を重ねるほどに、そのような意識は一人のインフォーマントの個人的な感覚や見解というよりも、むしろ、その言語の話者であればもっている共通の言語意識ではないかと思われた。

いったいどのようにしたら意識を描き出すことができるのか。ふつう言語学においては捨象されがちなことばのゆれや、ゆれの背後にあろう意識を重要なものとしてとらえ、それを考察に含み入れる。さまざまな文法形式に対してアイルランド英語の話者が抱く意識ないしそのイメージがどのようであるかを見ていきたい。そしてもし、話者がそれぞれの文法形式に対して抱く意識が一様でないのならば、それぞれの文法形式は、その意味・機能に加えて、話者のコミュニケーションにおいてなんらかの意味をもつ記号として交換されているのかもしれない。そのようなことを考えたわたしは、その言語意識をどのようにすれば明らかにすることができ、描き出すことができるのか、さらにどのような形で文法の記述に含みうるのか、方法をつめる必要があった。

たとえば、話者の協力のもとにおこなう伝統的な言語調査において話者の言語知識を詳らかにするというところを、自分のばあいには、言語意識も含めて明らかにするというのはどうだろうか。そのときに、どのような話者に協力してもらうのがよいか。そのコミュニティに長く暮らす人であれば言語意識に関しても信頼のできる情報を得ることができるはずである。しかし、言語意識は社会文化的な文脈に密接に関わっていると考えられることから、世代などの社会的属性にも目を向けつつ、より多くの話者にあたらなければならないとすぐに気づく。コミュニティの総体という形において言語意識を認めようとするのならば、その意識が全体のものであることを示さなければならない。とくに、言語の変化を考えに入れて文法をみていこうというばあいには、高齢の話者ばかりに頼るわけにはいかない。

そこで、まず、言語調査を行うときにも、二十歳代、五十歳代、七十歳代といった世代の異なる話者に協力を求めるようにした。通常二、三人の高齢者のインフォーマントに調査の協力を得るところを、高齢者にかぎらず、若年、壮年の話者にも協力を得る。そして、言語意識に関しては、通常の言語調査とインタビューに加えて、アンケートにおいて、集団的な傾向が見られるかどうか、さらに世代や地点(想定した言語コミュニティ内の二つの異なる地点)による違いがあるのかを見ていくというやりかたをとった。たとえば、七十歳のX町の話者Aさんがもっているある言語形式に対するイメージや使用における意味づけを二十歳のX町の話者Bさんがもっているかどうか。同年代のY市の話者Cさんならばどうか。どの部分が共通であるか。ある言語形式に対しては異なる世代でもイメージが共通しているが、べつの言語形式に対しては違っているなどということはないか。そのようなかたちで調査をすすめることにした。同じ言語コミュニティに属する都市と比較的田舎の町の二つの地域で調査を行うことは、じっさいに有益であった。ことばの変化を、規範文法に関する知識の浸透などとともに考察する手がかりが、ときとして得られるからである。

コミュニティの話者に共有される知識は、語彙と文法規則だけにとどまらない。たとえば、この場面ではこちらのほうがふさわしいといった選択、目上の人に話すのだからフォーマルな言いかたにしようという選択、同じ職場の同郷の友人と二人で話すときには地元のことばで話す、そういったことを私たちの言語能力はいつも可能にしている。さまざまな文法形式や語彙を用いるときに、話者であれば共通にもつ意識がかかわっているのだとすれば、そのような意識もまたコミュニティの言語活動を理解するのに必要な情報であり、文法の記述にも含めるべきことがらである。さらに言えば、コミュニティの話者に共通の話者意識の具象を、言語形式の社会的関与性を例証しながら、あぶり出していくことが可能なのである。

do be 形式の言語外意味

アイルランド英語の文法特徴のひとつ do be 形式は、話者の意識の具体的なところを説明するわかりやすい例である。この形式は南部の伝統的なアイルランド英語に特有の形式であり、動詞(V)の -ing 形、名詞句、形容詞句等をともなって、「現在の習慣」の意味を表す。たとえばつぎの文で、do be V-ing 形式はその動作（ここでは「祈ること」）が習慣的に行われていることを表している。

We *do be praying* for you in our prayers, whenever we get the notion to kneel.
（ひざまずこうと思ったときにはいつでも、あなたのことをお祈りしています）

V-ing をとらずとも、do be があれば、習慣ないし習性の意味が表れていて、つぎのような文がアイルランド英語では意味をなす。

'Tis the way the young girls *do be!*（若い娘はそうするもんだねぇ）
She *does be lovely* with her long hair.（彼女は（いつも）長い髪でかわいい）

習慣を表す文法形式には地域差があって、アイルランドの北部では be/bees、ほかにも do で習慣の意味を表す方言が報告されているが、南西部方言においては、do be がその意味を担っている。形は一様でないながらも、アイルランドの英語には「現在の習慣」を表すことに特化した文法形式が存在していることは興味深い。

第五章において詳しくみるが、アイルランド英語の文法は、ほかの言語や方言と同様、合理的な体系をもつものである。それでも、標準語や他の方言との接触が密になると、方言特有の目立った表現は、話者にとって「間違っている」という意識をよび起こすことがある。アイルランドで言語調査をしている際、ときどき聞かれるのが "bad grammar"（悪い文法）という言葉である。習慣の意味を表す do be 形式はその最たるもので、「悪い文法」だという。

話者の多くはこのdo be形式が習慣相を表すことを知っているのだけれど、聞いてみると、その使用は「誤った」ものであり、「正しくない」という。つぎにあげるコメントは、do beの機能と文法的属性を調べる際に得られたものである。

駄目、駄目。悪い文法ですよ。そのように言ってはいけません。（五十歳代、女性、リストール）

言う人も少しいるかなぁ。でもそれは間違っているし、悪いし、廃れているよ。（五十歳代、男性、リストール）

アイルランド英語において体系づけられた文法的な言語形式が、話者の意識においては「間違った文法」としてとらえられることがあることをこの例は示している。つぎのコメントからは、do beが「間違っている」「悪い文法」であるということを知っているかどうかが教養の有無を示す指標としてはたらくことがうかがえる。

do beが悪い文法であることをみんなが知っているとは限らない。だから受け入れられている。do beを使う人の多くはそれが正しくないということをわかっていないいんだ。（三十歳代、男性、コーク）

年齢が重要だな。年配の人がdo beを言えば、こちらは微笑んで、そうちょっと下に見るような笑みで、こちらが優位に立ったように感じるだろうね。でも学校で私の生徒が私に向かって言っ

てきたら、訂正すると思うよ、そうだね、「違うよ、それは正しくない」って言うだろうね。（五十歳代、男性、コーク）

さらに、「正しくない」という評価は、ときとして「貧しい人の」、「教養のない」といった特定の社会的属性との結びつきを想起させる。

do be なんて言う人は、その昔の貧しい時代にほとんど学校に通えなかったのよ。いま二〇〇四年ともなれば、アイルランドは豊かな国で、そんなものまったく耳にしないでしょ。（七十歳代、女性、リストール）

注目したいのは、アイルランド英語の do be 形式が習慣を表すという言語的意味のほかに、「貧しい人の」「教養のない」という社会的含意をふくめた言語外意味をもっているということである。その言語外意味は、話者の標準への志向ないし「正しさへの意識」から生じたものにほかならない。さらに、その言語外意味がコミュニティの話者に共有されていることも重要である。調査において、若者の世代ではこのような言語外意味は希薄になっていることが確認できたが、その使用がみられた、壮年層以上の世代の話者は言語外意味を共有する。「正しい／正しくない」の基準はときとして教育レベル、収入レベルなどの社会的差異をも意味しうる。言語話者は言語体系内部の形式と意味の連関に加え、社会的差異に裏づけられた意味に関しても知識をもっていることを、do be 形式の調査は示している。

言語形式そのものには本来、威信（prestige）や烙印（stigma）はない。ある形式が他形式との差異によって話者の意識において位置づけられ、そこに当該言語コミュニティの価値意識が反映されて「プラス／マイナス」の評価が与えられる。たとえば、ある言語形式が「貧困」「低教養」とみなされ、その形式が意識的に回避されるとき、その形式にはマイナスの社会的価値が付与されていると言うことができる。

話者によって「誤っている」「悪い文法である」と指摘された例のなかで、とくに do be 形式には「教養の低い」とか「貧困層の」といったマイナスの社会的含意がともなうことは興味深い。たとえば、一般動詞の現在形に三人称単数の -s がないことは、標準英語に照らせば「間違い」であり、話者にも「悪い文法」であると判断されるが、do be 形式のようには話者の拒否感を招かない。その後も調査を進めるなかで、なぜ do be 形式がとくに話者の意識にのぼるのかが分かってきた。その形式が「アイルランドらしい」と認識されることで、話者にとっては、ある種「色のついた」形式となっていることが関係している。色のついた形式は話者の意識にのぼり、話者の「正しさへの意識」に照らして、それが「英語」において容認可能な形か否かによって、好ましい特徴か好ましくない特徴であるか、話者によって評価づけられる（詳しい議論は Shimada 2016）。

do be 形式の話は一言語変種の特定の文法形式への評価に関するものであるが、正しさへの意識が言語変種そのものに向けられれば、それは方言と標準語の問題である。言語形式にも、言語や方言に対する評価と同様の評価づけ（第二章「順位づけされる言語」）が関わっているのである。

正しさへの意識

言語学者が話者（インフォーマントないしコンサルタントとよばれる調査協力者）を前にして、その言語の知識を引き出していくとき、話者が口にする言葉は、語であれ文であれ、その形式が当該言語において可能かどうかの判断に終始するとはかぎらない。伝統的な、いわゆる「方言」の文法形式を調査する際には、最初の回答として、それが自分の知っている標準語においてふさわしいのか、ふさわしくないのかを教えてくれることが多い。調査者としては、あくまでも方言の言いかた、その人がふだん使う言いかたを知りたいものだから、こちらがなにを求めているのかをわかってもらうまでに時間がかかる。

「正しい」言葉遣いを調査者に示そうとする話者の態度は、アイルランド英語にだけ見られるものではない。標準変種の確立している言語の方言変種を記述の対象とするばあいには、文法的容認性の判断においてまず標準変種を参照した答えが返ってくることが少なくない。たとえば、アリソン・ヘンリー（Henry 1995）は非標準変種のひとつである北アイルランドのベルファスト英語の研究におけるひとつの難しさを次のように説明している。「ベルファスト英語の話者は、自分たちが言う多くのことは規範的な意味合いにおいては非文法的であるとみなされるということに気づいている。ある文が文法的であるかどうかを聞かれると、まず最初の反応として、それが標準英語で正しいと思うかどうかを答えるのである」（Henry 1995: 12）。

ここで確認しておきたいのは、問われた形式に対して標準変種においては非文法的であると話者が気づいていることである。そしてまた、標準英語に照らしての回答が最初にあらわれるということである。同様の指摘はレズリー・ミルロイにもあり、「一般的に、非標準変種についての質問は、直接的であれ、間接的であれ、その変種の社会的な重要性への話者の意識にいつも条件づけられており、たいていは標準的な規則に関する知識を反映している」(Milroy 1987: 150)という。ここでミルロイが「社会的な重要性への話者の意識」に言及していることは重要である。じっさいにアイルランド英語の話者にも、自分たちの社会、コミュニティにおいて意味をもつことがらがあり、アイルランド英語の母語話者の知識を知ろうとするとき、調査の最初のところ、表面のところで、調査者はまず「社会的な重要性への話者の意識」に対面するのである。

アイルランド英語話者は言語調査の際、とくに文法的適格性の判断を求めているわけではないときでも自発的に"bad grammar"(悪い文法)という言い方で「間違い」を指摘する。標準語に対する意識はアイルランドに限ったことではないが、英語が本来的に自分たちの言語ではないことが、話者の「正しさへの意識」をより顕在化させていると考えられる。アイルランドにおいて英語は、学ぶ言語、教わる言語として、さらに言えば「目標言語」として入ったものであり、その認識は現代の話者にも見受けられる。話者の意識のなかに存在する、イメージとしての正しい言いかた。ヘンリーとミルロイの指摘にもあるように、「方言」話者は標準変種に照らした判断を示そうとするものだが、この判断を話者がおこなうとき参照するのは話者の意識において構築されているかたちであり、規範文法として実体をもつ「標準」とは区別された、話者における概念上の存在物である。アイルランド英語の話者にはこのような「正しさへの意識」があり、じっさいの言語使用においてそのような意識がはたらいていると考えられる。

アイルランドらしさへの意識

もうひとつ、アイルランド英語の言語使用に関わっていると考えられるのが、「アイルランドらしさへの意識」である。これまでのインタビュー調査およびアンケート調査によって、アイルランドのばあいには、正しさのほかに、アイルランドらしさもまたコミュニティにおける言語コミュニケーションで重要な意味をもつということが分かってきた。接触によってできた言語を自分が話しているという認識があるとき、あるいは自分たちの言語の文化的背景について敏感であるときには、その言語のコミュニティにおいて社会的重要性をもつものが「正しさ」以外にも存在する。この「アイルランドらしさへの意識」は、第三章のアンケート結果において示されていることでもある（「英語をどう見ているのか」参照）。

「正しさへの意識」が、規範文法として実体をもつ「標準語」とは区別された、話者における概念上の存在物であるのと同様、「アイルランドらしさへの意識」でいう「アイルランドらしさ」は、言語形式がじっさいにアイルランド語に由来するかどうかに関わらない、話者にとっての概念的な「アイルランドらしさ」である。

アイルランドにおいては、歴史のなかで起こった言語交替に人々が日頃から意識的であるとないとにかかわらず、つねにアイルランド語がそばにある。第一章で述べたように、道路標識、列車の車内放送、空港などの公共施設は、二言語表記、二言語アナウンスである。さらに初等・中等教育においてはアイルランド語がいわば「国語」として学校教育に位置づけられている。二〇一一年の国勢調査において五歳から一八歳の「学校でのみアイルランド語を話す」人口が際立った分布を示すことからも(第一章)、学校がアイルランド語の知識を身につける場として機能していることが見てとれる。中等学校卒業以降では、多くの人がアイルランド語を話さなくなるという事実がある一方で、幼少期以降の学校教育がアイルランドらしさへの意識の形成を下支えしていることは確実であろう。

第三章でみたように、アイルランドの人々には、自分たちは日々英語を話しているが、国語として、また文化遺産としてアイルランド語が大切な言語であるという認識がある。自分たちの話す英語にはアイルランド語から引き継いだものがあると感じている人が多くいる。そのような言語的背景にあって、正しさへの意識に加えて目立つのがアイルランドらしさへの意識なのである。

アイルランドらしさへの意識は、たとえばつぎのような言葉でも表される。自分たちの英語を「植民地英語(colonial English)」としてとらえていることは注目に値する。

私たちの英語は植民地英語なので「イギリス英語」と同じようには洗練されていない。ときに私たちアイルランド人は自分たちに押しつけられたものを受け入れない。(二十歳代、大学生、コーク)

イギリスによる植民地支配についてのアイルランドの人々の歴史認識は、言語使用においてみずからのことばの独自性への意識という形であらわれる。このような社会歴史的な認識によって、アイルランドの人々は自分たちの英語にイギリス英語とは区別すべき独自性のあることを自覚し、また他方では、英語の規範を意識する。このような「アイルランドらしさへの意識」と「正しさへの意識」は

(1) I *do be taking* three plates from the cupboard. [do be 習慣]
(2) I *am after taking* three plates from the cupboard. [be after 完了]
(3) They *are visiting* here many years. [be V-ing(＋期間を表す副詞句)]
(4) How's the *craic*? [語彙項目]

言語使用においてどのようにはたらきうるであろうか。このような意識が具体的な言語形式とどのように関係しているのか、次節において調査の一部を示しながら見ていこう。

文法形式や語彙に対する意識

話者の言語意識は具体的にどのように表れるのか。言語形式に対する話者の意識を、アイルランド英語に特徴的な文法形式や語彙項目を含む文例に対する評価の相違を通して見ていく。これはわたしが二〇〇六年に、26文例、11文法項目に関して行った調査の一部である（詳しくは拙稿 Shimada 2015, 2016 参照）。ここにあげる四つの文例のうち、(1)から(3)はアイルランド英語に特徴的な時を表す文法形式を含み、(4)はアイルランド英語に特有の語を含む。

(1)は前に見た、習慣を表す do be 形式を含む文であり、「いつも食器棚から三枚の皿をとるようにしている」といった意味を表す。(2)は、後に詳しくみるが（第五章「独特の意味をもつ be after 完了」）、アイルランド英語に特有の「be after 完了」の文例で「食器棚からお皿を三枚取り出したところだ」の意味である。(3)もアイルランド英語に特徴的であるとされる型の文例であり、その意味は「長年ここを訪れている」である。アイルランド英語「be V-ing」は動詞Vがあらわす動作や行為、出来事が続いている状態を表す。(3)の例は、そこに期間を表す副詞句が付加されているものであるが、これによってそのときまでの一定の時間の区切りが与えられ、それまでにある動作が継続していたことを表す。(2)と(3)は第五章「時の表現」でも詳しく取りあげる。

(4)は、第一章でも触れたが、友人などに会ったときの挨拶として用いられる表現で、「調子はどう?」の意味である。この挨拶表現のcraic[kræk]はアイルランド語綴りで表されるのがふつうであり、アイルランドの人々はこの語がアイルランド語からきていると認識していることが多い。ところがほんとうのところは、アイルランド語のcraicはそもそも近代英語の時代に英語から借用されたものであり、「大声での会話」を意味する中期英語のcrakに由来する(Dolan 1999)。じっさいの語源がどうであるかにかかわらず、アイルランド語の語を自分たちの英語に取り入れているという意識が話者にあることは興味深い。アイルランド英語においてcraicは「楽しい気晴らし、元気になる楽しみ」の意味で用いられる。この語は第三章で紹介したアンケート調査で「アイルランド英語だと思う表現を書いてください」という質問に対して、もっとも多くの人があげた回答であった。じっさいアイルランドでもときどき聞く表現であるが、日常的に用いられている挨拶表現のなかで、何かしらのアイルランドらしさが感じられているということが確認できる例である。

これらの文法形式と語彙は話者にどのように認識されているのか。調査協力者64名は26の文例リストから、「自分が使うと思う文はどれですか」「自分が使わないと思う文はどれですか」「意味のわからない文はどれですか」「悪い文法」だと思うものはどれですか」「「アイルランドらしさ」があると思うものはどれですか」という五つの質問に答える。(1)~(4)を意味がわからないとしてあげた人は皆無であったので、その他の四つの質問項目について見ていくことにする。図1はその四つの質問

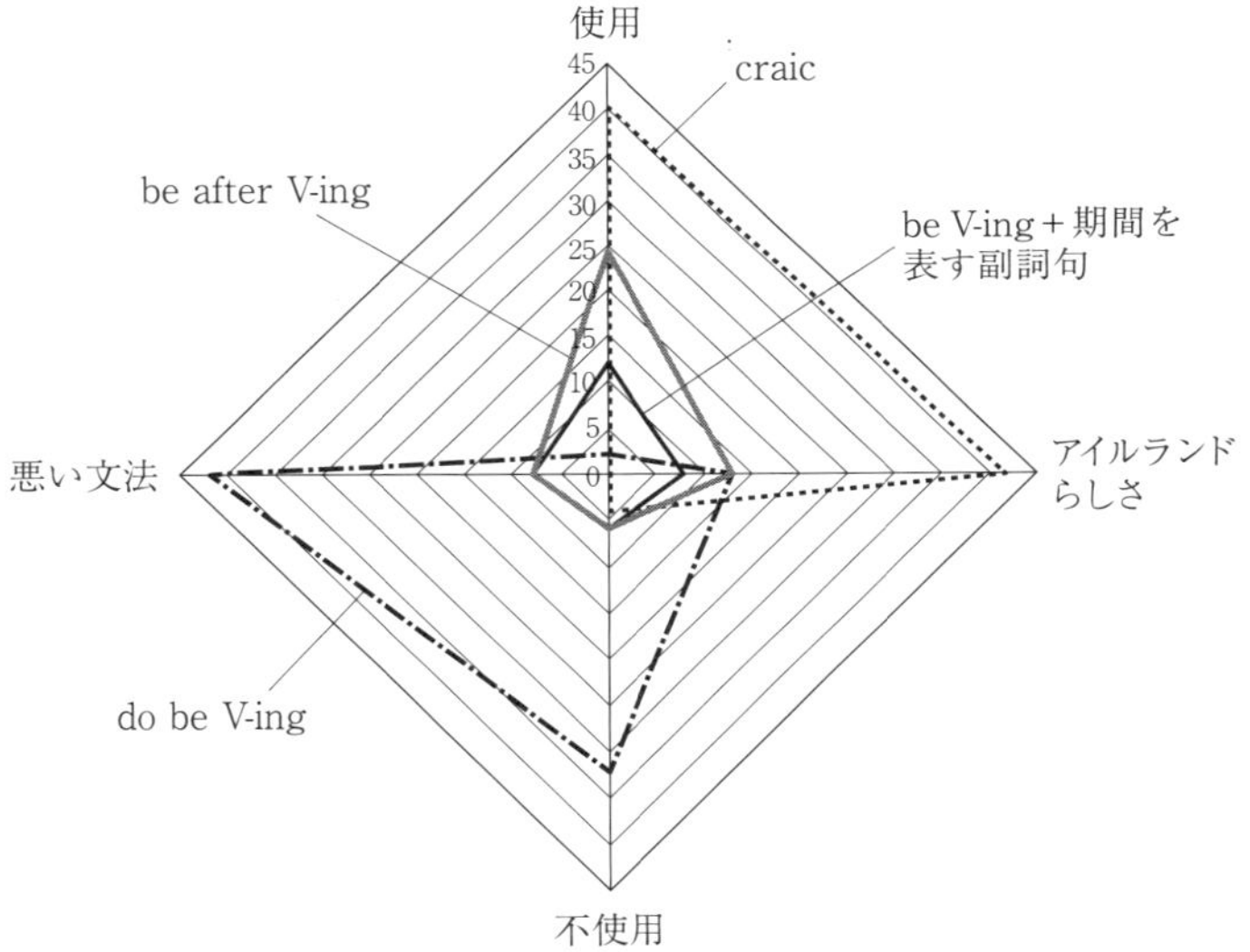

図 1　言語形式に対する評価にみる話者の意識

項目のそれぞれに「使用」「不使用」「アイルランドらしさ」「悪い文法」というインデックスを付して、回答結果を見やすく表したものである。それぞれの文法・語彙形式に対する話者の意識の傾向が見てとれる。

アイルランド英語話者が挨拶で好んで用いる、craic を含む（4）は「使用」と「アイルランドらしさ」の項目において際立っている。文法形式に関して、do be V-ing は、「不使用」と「悪い文法」において際立った傾向を示す。be after V-ing は「アイルランドらしさ」において do be V-ing と同等に比較的高い傾向を示しているが、do be V-ing は「不使用」評価がきわめて高いのに対して、be after V-ing は「使用」評価が高いという結果である。be V-ing＋期間を表す副詞句の文例では、全体的に小さくとどまっていて、話者の意識にのぼりにくい文法形式であることがわかる。

このように、言語話者がそれぞれの文法形式と語彙に対して抱く印象は一様ではなく、アイルランド英語のばあいには、「正しさへの意識」と「アイルランドらしさへの意識」をそれぞれの形式ごとに見ていくことで、その言語形式に付随する言語外意味の記述が可能である。ことばの生きたやりとりがコミュニティの人々の間になされるとき、そこにあるのは言語が伝える情報そのものだけではない。話者の意識を介した、メタ言語的な、言語外意味の交換もなされている。

これまでの調査から「正しさへの意識」と「アイルランドらしさへの意識」は独立したものとして認められることがわかっているが(嶋田二〇一〇年)、これがある時点での状態をとらえたものであることにも気づいておきたい。このような意識は話者のおかれたコミュニティの状況変化の影響を受けるものであるから、意識の変化とそれと連動した言語外意味の変化、使用頻度への影響などを今後みていくのはおもしろい。そしてまた、「標準アイルランド英語」(Kallen and Kirk 2008, Hickey 2012)を考えに入れるのならば、そこにある規範は「正しさへの意識」と「アイルランドらしさへの意識」との関係においてどのようなものになるであろうか。アイルランド英語に、たとえばイギリス標準英語とは異なった新たな規範が誕生するときには、「正しさへの意識」と「アイルランドらしさへの意識」があるていど同じ傾向を示すということになるのだろうか。

さらに重要なのは、話者の言語意識がじっさいの言語使用に与える影響および言語使用が言語意識の形成にどのように関わっているかについて、理論と実証の両面で研究をすすめていくことであろう。ことばは人が話すもので、人は社会的な存在であるがゆえに、言語形式は社会的関与性をもつ。話者の意識の詳細をみることは、コミュニティでの言語使用、ひいては言語変化における内的要因と外的要因のインターフェイスを明らかにしていくことにつながるのではないかと考えている。話者の意識のなかにみえてくる、言語の現実がある。

第五章　ことばのなかのアイルランドらしさ

アイルランド英語の形成は、ゲルマン語系の英語とケルト語系のアイルランド語との言語接触から始まった。だから、アイルランド語の影響を考えずにはアイルランド英語の言語的性質を説明することはできない。異なる二つの言語が出会ったときに、どのような言語的性質をもつ言語が生み出されるのか。英語が入ってくるまでその土地固有のことばがあったということが、アイルランドにいま生きる人々の話す英語にどのようにあらわれているであろうか。たとえば南西部のあるコミュニティで数世代前の先祖が話し始め、アイルランド英語としてかたちを整えていった言語の今日の姿を変化の連続体に置いて、その土地の言語をみる。本章は、アイルランド英語のいわば「個性」をさぐる一章である。

I　アイルランド英語のかたち

特有の語彙

語彙は、アイルランド英語におけるアイルランド語の影響をみるのにわかりやすいイントロダクションになるかもしれない。アイルランド英語は一見したところ、さほど「ふつうの英語」とかけ離れているようには見えない。けれどもよく耳を澄ましてみると、あるいはじっと文を観察していると、アイルランド英語に特有の表現に出会う。語彙もそれに似たようなところがある。アイルランド語の母語話者が英語を話し始めた頃には、語彙も現在の状況とは違っていたと考えられるが、現在のアイルランド英語の語彙の大部分は標準的なイギリス英語と共通しており、それに加えてアイルランド英語独自の語彙がある。

アイルランド英語はその形成過程において、事実上、イギリス英語に急速に収斂していったと言ってよい。おおむね十七世紀後半以降のイギリスによる植民地化政策のもと、学校教育においてアイルランド語の使用が禁じられ、英語の使用の徹底が図られ、行政が英語によっておこなわれていた頃、多くのアイルランド人は先に英語を多少とも習得したアイルランド人とのコミュニケーションのなかで英語を身につけていく。アイルランドのとくに南西部に英語が浸透し始めた十九世紀には、すでに英語は確立された言語であり、辞書、規範とする文法、文学が整っていた。イギリスは隣にあり、教育は英語で行われ、情報は英語の音声と文字を介してやりとりがなされ、英語は一般市民にも浸透する。英語を話すようになったアイルランド人はさまざまな英語媒体を利用できるようになる。

語彙の話に戻ろう。現在のアイルランド英語は、英語の一般的語彙(ここでの「一般的」とは、たとえばイギリスの地域方言にのみ現れる語彙などと区別して、という意味である)と、現在まで残っている、アイルランド語の影響を受けた、アイルランド英語に特有の語彙から成る。

ＵＣＤ(University College Dublin)のテレンス・Ｐ・ドーラン(Terrence P. Dolan)名誉教授は、アイルランド英語に独自の語彙を『アイルランド英語辞典』(Dolan 1999)に収録した。その語彙は、語形式から、(i)アイルランド語からの借用語、(ii)英語の語彙であるが特有の意味をもつ語、(iii)アイルランド語と英

(iii)-3. 標準英語の綴り字をアイルランド語風にしたもの
例：eejit(馬鹿な奴，おかしな奴)(英語の idiot から)
(iii)-4. 英語の語であるがそれにあたるアイルランド語の意味をあてたもの
例：bold(いたずらな)(標準英語の bold は第一に「勇敢な」の意味で用いられるが，アイルランド英語の bold はアイルランド語の bána に由来する．bána は「大胆な，向こう見ずの，ずうずうしい」の意味である)
(iii)-5. 古い英語に由来するが，アイルランドの文化背景から生まれた意味をもつ語．文脈限定的に用いられる．
例：yoke(名前がなんだったか思い出せない人や物，その人，奴，あの物)(中期英語 yokke から)
(iv) くだけた会話で用いられる地域限定的な語彙(語源は不詳．ここではダブリンの例)
例：scanger(粗野で無骨な若者)，moxie(大きな，たくさんの)，naavo(秘密の場所，隠れ場所)，hames(引き革が取り付けられた，馬の首あてになる木や金属でできたもの)(中期英語 hames から)

語を組み合わせてできた語、(iv)くだけた会話で用いられる地域限定的な語の四つに分けられる(上の囲みを参照)。その分類のもとで、アイルランド英語に特有な語をみておこう。

語彙に関しては、アイルランド英語の話者自身が自分たちの英語に特有であると気づいていることが多く、フィールドワークの際に直接的に教えてもらえることも少なくない。とくに年配の話者は、自分たちが使っていた語がもはや使われなくなったということを口にする。

ケリー地方の詩人ガブリエル・フィッツモリス(Gabriel Fitzmaurice)氏は例をあげてその変化を説明してくれた。昔は I went out for a gabhail of cipins. と言ったものだが、いまは誰も言わないという。これは、暖炉に火をつけるときに「手に持ちきれるいっぱいの小枝を取りに行ってくる」という意味を表す文で

(1) アイルランド英語に特有の語彙の分類
(i) アイルランド語からの借用語
　例：amadán（馬鹿な，あんぽんたん），maith go leor/magalore（十分に良い，自分のなかで幸せな，ほろ酔いの），a mhic（わが息子），ráiméis（馬鹿話，他愛ない話）
(ii) 英語の語彙であるが特有の意味をもつ語（イギリスではもはや一般的に用いられなくなった古い方言語彙から）
　例：cog（試験でカンニングする，カンニングペーパー）
(iii) アイルランド語と英語の混成語
　(iii)-1. 英語とアイルランド語の要素の合成
　例：careen（車ちゃん）（英語の car にアイルランド語の指小辞 -ín の英語音表記 -een をつけたもの），ほかに maneen, girleen, priesteen など
　(iii)-2. アイルランド語の語句を英語化したもの
　例：maryah（ほんとうに，〜みたいにね）（ほんとうか疑わしいことや蔑むようなことの後につけて，皮肉っぽく．アイルランド語の mar dhea「まるで〜のように」から）

ある。この文における gabhail, cipins はアイルランド語の語であり、そこに英語の機能語の of が入って、gabhail of cipins のように表現する。いまでは暖炉も、小枝やピート（泥炭）、木炭を燃やす伝統的なものよりも、薪ストーブや、電気式の手軽なものが普及しているので、多くの場所で、もはやこのような表現を使う環境にない。伝統や文化的習慣に関する語彙がその近代的な環境変化とともに廃れていくのは、地域の方言語彙などでも同じことである。

　アイルランドの村に一九六〇年代初頭にテレビが入ってくるまでは、多くのアイルランド語の語を英語に混ぜるような形で話していたそうである。今では子猫は kitten、子豚は piglet というように英語の語になってしまったが、フィッツモリス氏の子どもの頃は、子猫は pusheen、子豚は bonaus というアイルラ

ンド語の語を用いていたという。日常的によく用いる語は比較的古い語彙が保持されやすいが、言語が取り替わるときには、おそらくはアイルランド語と英語の両方の語が共存する段階を経て、新しく入った言語の語が定着する。このようにして、アイルランドの人の話す英語の「緑」は徐々に淡くなっていくのかもしれない。

現地の英語に溶け込むアイルランド語からの借用語

とはいえ、現在のアイルランドの人々が話すアイルランド英語のふだんの会話のなかにアイルランド語の語がひょっこりと顔をのぞかせることがある。わたしは英語の母語話者ではないから、現地でわからない表現に出くわしても、知らない英単語だろうとやりすごしてしまうことも少なくないのだが、それでも時折、彼らの会話のなかにアイルランド語の語彙かなと思うものが含まれているのに気づくことがある。今でもよく使われるいくつかの例をコーク大学アイルランド語センター長であったポール・ルシェール (Pól Ruiséal) 教授に教えていただいたので、ここでその語を使った文例を紹介したい。

(2a) の smithereens はガラスの小さな破片のこと。アイルランド語の smidiríní (smidirín の複数形。smidor に指小辞が付いたもの) が英語形になり、その指小辞部分に続いて、英語の複数接尾辞 -s が付いた語である。文全体で「彼はグラスを粉々にした」の意味を表す。発音が独特なので耳につきやすい。smithereens の語源がアイルランド語ということは断定できないのだが、アイルランド語 (と英語) を話すアイルランド人にはアイルランド語由来ととらえられる語であり、アングロアイリッシュ (アイ

(2) a. He made *smithereens* of the glass.
b. He is a soldier *mockya*.
c. Look at the *feirc* of her. She would make you smile.
d. I liked the *crot* of that garden.
e. Children love eating *peaindí*.
f. Some people are very *glic* with money.
g. There was great *ree-raw* in the *Dáil*.

ルランド英語の形成期の変種のひとつ）に由来すると考えられる（Dolan 1999: 247–248）。

（2b）は「彼は偽兵士だ。彼は兵士ぶっている」といった意味である。文中の mockya は、（1）のⅲ-2でみた maryah のコークで用いられている表現形であり、アイルランド語の mar dhea（まるで～のように）から来ている。

（2c）にはアイルランド語 feic が英語表記された feirc が用いられている。アイルランド語の feic が帽子を斜めにかぶることを意味するところから、気取った見た目、おかしな格好の意味で、アイルランド英語の日常のことばに定着している。文全体は「彼女の格好を見て。見たら笑うから」といった意味である。

（2d）アイルランド語の crot は「見た目、イメージ」を意味する。この文は全体で、「あの庭の感じが好きだ」といった意味になる。

（2e）は「子どもたちはマッシュポテトを好んで食べる」という意味。文中の peaindí はマッシュポテトのアイルランド語である。

（2f）の glic はアイルランド語と同一の表記で、「抜け目がない、器用な」の意味。文全体で、「お金に抜け目がない人もいる」といった意味を表す。

（2g）の ree-raw は「動揺」の意味。Dail はアイルランドの国会のこと。文全体で「国会で大きな混乱があった」という意味になる。

ここにあげたアイルランド語からの借用語はいまでもよく現地の人の会話に現れるものである。アイルランド人の多くは、学校でアイルランド語を学んでいて、学校を卒業すると話すことはないにしても、あるていどのアイルランド語の知識をもったバイリンガルである。第四章でアイルランドの人々の言語意識をみたが、アイルランド語からの借用語を使用することで、アイルランドらしさに関する意識をよび起こし、その場にいる人との仲間意識をも生み出す。借用語はアイルランド英語において、直接的にアイリッシュであることを表現するものとして機能している。

アイルランド英語に特有の表現

現地で人々の会話に耳を傾けていると、アイルランドの人はストレートにものを言うよりもちょっと気の利いた表現が好みなのかもしれないと思うことがある。面白いなと思ったのが、There's a great chef lost in you! という表現。「（現実には）すばらしいシェフがあなたにおいて失われた状態にある」というところから、「あなたはすばらしいシェフになっていただろうね」の意味になっていると考えられるが、there's の存在文と過去分詞 lost の組み合わせがなんだか上手い。

アイルランド英語でよく聞くこのような表現は、他の英語変種を話す人々にとっては、おおよそ意味は推測できるかもしれないが、自分ではそういう表現は使わないといったことがある。日本語でも、自分とはちがった地方の友達にキョトンとされることがあるが、同じようなことが英語でも起こる。

話者どうしがお互いのことばの違いに気づくこともあれば、同じないし似た形式が二つの方言に共通して存在し、意味に違いがあるばあいには、相手の意図する意味をとり違えてしまうことさえある。アイルランド英語話者が I'm after my tea. と言えば、それは「軽い食事を済ませたばかりなんです」の意味になるのだが（本章「独特の意味をもつ be after 完了」参照）、アイルランドの英語になじみのないイギリス人なら、お茶が飲みたいのだなとまったく逆にとってしまうかもしれない。「be after 名詞句」の形はアイルランド英語にもイギリス英語にもある形式だが、その意味は二つの変種のそれぞれで違っている。

じっさいに、イギリスでこの形式に出会ったことがあるのだが、アイルランドにおいて用いられているような「〜したばかりだ」の意味ではなかった。ケンブリッジで帰国のための荷物を送ろうと箱を探していたある日、スポーツジムのフロントで「be after 名詞句」の形を聞く幸運に恵まれた。「いらない段ボール箱があればいただけませんか」と尋ねて、「今はないけど、午後三時頃になればあると思うから、あとで来てみて」とのお返事だったので、数時間後ふたたび訪ねた。そこで、奥から係の方が出てきて Are you after boxes?（箱をお探しですか）と言ったのである。こういう瞬間はいつも心のなかで「やったぁ」と小さなにかがジャンプする。イギリス英語では、be after に名詞句が続く形で、「〜を求めている」の意味になる。

「be after 名詞句」の形式はイギリス英語とアイルランド英語とでは異なる意味をもつ。どちらかが正しくてどちらかが間違っているというものではない。私たちが学校で教わる英語は標準英語を基本としているので、学習用の英和辞典を引いて出てくるのはイギリス英語のほうであるが、だからといって、アイルランドの英語が間違っているということにはならない。標準ではない言語変種ないし方言の表現が「間違っている」と感じられるのは、標準語の体系においては分布がない、あるいはその体系においてこのような文が不可能ないし不適切であるということによる。

アイルランドにおいては、be after 形式でもって完了状態を表すという、話者に共通のコード(記号)の読み取りがあって、使用場面において適切に意味が解され、コミュニケーションが成り立っている。be after 形式の意味は使用の文脈においてコミュニティの話者に共通に理解され、言語情報の伝達および交換がなされているのである。

アイルランド人だから「be after 名詞句」の形がいつも完了の意味にとられるかというとそうではない。話者によって違いはあるが、文脈によって、また後に続く名詞句の意味によって(He's after a better position.「より良いポジションを狙っている」など、慣用的に)、イギリス英語の「〜を求めている」の意味合いで文を理解する。昨春アイルランド滞在中には、アイルランドで人気のあるポテトチップスTAYTOの袋のうらに、They're not after my crisps!(「[ラッキーなことに、]彼ら[虎たち]は私のお菓子を狙っていない」)という文をみつけた。ちなみに、アイルランド英語に特有の「ホットニュース完了」(後述)は意味的に否定文では使いにくいということが知られている(あくまでも自然発話上の話で、文脈を与えれば否定形の導出は可能である)。

言語の理《ことわり》

アイルランド特有の言い回しや表現形態は、最初はなかなか気づかない。わたしのばあいには最初の留学先がアイルランドであったので、そこで話される英語こそが自分にとって現実味のある、「なまの英語」であった。それが、その後研究することになる「アイルランド英語」であるということは思いもしなかったし、標準語とか方言といったことを、立ち止まっていちいち考えようともしなかった。自分が日本の学校で学んできた英語の文法が標準英語を基本とした学校文法であることはなんとなく知っていても、英語にさまざまな地域的バリエーションのあることには気づいていなかったのである。

英語も日本語と同じように人が話すものなのだから、たとえば、方言のようなものがある。そしてまた、同じ地域でも、毎日すこしずつ表情を変えたり、それ自体変わったりしている、ひとつの言語である。ところが、学習者として英語を学ぶとき、そんなことは忘れてしまうのかもしれない。高校時代のわたしは、しっかりした固い文法があって、たくさんの単語を覚えるのが英語の勉強だと、どことなく感じていた。学習すべき英語は「目標言語」である。すなわち、そこにおいて英語は、決まりきった固定的な言語であり、いかめしい、学ぶべき対象として認識されてしまう。そうしてまた、実際にひとつの言語を習得するのはたやすいことではないのだから、よけいに「英語」が遠くに輝く目標に見えてしまったり、多くの学生が言うように、憧れさえも抱く対象になるのかもしれない。

憧れはいいのだけれど、英語を前にすると難しいと構えてしまい、習得途中であきらめることになると、ちょっともったいない。英語を難しく感じ、覚えなきゃと文法用語丸暗記モードになったり、長い文をみるとはなからあきらめてしまったりする学生たちを目の前にすると、「英語もことば。実際にひとが話しているのだから、そんなに難しく考えなくて大丈夫」などと言う。「英語の気持ちになって、英語のルールで表現してごらん。ゆっくり英文をみてごらん」。「英語の気持ち」だなんて、それがわかれば苦労がないのかもしれないが、コンピューターが得意な人はきっとコンピューターの気持ちに通じているから、わざわざマニュアルを繰らなくてもさっとやりかたがわかってしまうのだろうと思うところのあるわたしは、英語をわかるには英語の気持ちになればいい、と思うところがある。

「英語もことば」。その心はすなわち、使う人がいて、そこに込められた文化、ものの見方があるということである。「気持ち」がわかるまではいろいろと勉強しないといけないのかもしれない。私たちの多くが母語とする日本語とおなじようにして、その言語にひろがる世界がある。言語学習は人づきあいと似通っている部分もあって、だれかの気持ちをわかるにはそれなりの「つきあい」が必要である。ひとまずは規範的な英語、「標準英語の気持ち」に限ってみても、おなじこと。ことばも人も、理解するのには、対象の言語や目の前の人とじっくり向き合ったり、一緒に歩く時間が必要であり、根底にある、相手や対象の言語への尊重が、理解を深めることにつながるのではないかと思う。

このことは言語学徒としてことばに向かうときにも同じである。たとえば、エスキモー語。形態法がたいへんに発達している豊かな言語という印象があり、能格言語であることを知る。一見したところ、太刀打ちできそうにない。それでも、実際にこの言語で生活している人がいるのだから、難しいといってもそのひとたちには当然の理《ことわり》がふつうにあるにちがいないと思って、じっと文例を眺める。何がこの言語をうごかしているのか。この一文、この一語はいったいどんなしくみでできているのか。そこにはたらいている理を見出していく楽しさがある。日本語を母語とするものにとってエスキモー語のように個性際立つ言語ではないにしても、英語にも、そしてアイルランドの英語にも、個としての魅力がある。いまは「アイルランド英語の気持ち」を少しずつでもわかることがとても楽しい。
アイルランド英語も、たんに英語の一地域方言として、標準英語との対照でそこから逸脱する部分だけをみるのではなく、英語というフィルターを通さず、まずもってひとつの言語としてそれ自体をとらえようとすれば、その言語にはたらいている理のようなものが見えてくる。つまり、アイルランド英語を標準英語と比較してそこから逸脱する部分だけをアイルランド英語の個性とみるのではなく、アイルランド英語全体を形づくっているもの、文法のしくみに、個性をみるのである。

「能格言語」について。アイルランド語、英語、ヨーロッパの多くの言語、さらには日本語は「対格言語」である。他動詞「殺す kill」と自動詞「死ぬ die」についてみると、これらの言語では、他動詞であれ自動詞であれ、主語は主格（英語代名詞なら he/she、日本語ならいわゆる格助詞「ガ」）で示される一方、他動詞の目的語は対格（him/her、「ヲ」）で示される。他方、能格言語も世界にはけっして少なくない。エスキモー語（アラスカのユピック）の例で、「男が魚［複数］を殺した」は angute-m tuqut-ai neqe-t だが、「魚［複数］は死んだ」は neqe-t tuqu-ut となり、他動詞の目的語と自動詞の主語が絶対格 neqe-t なのに対し、他動詞の主語 angute-m が -m で表示される関係格（能格）になる。上の図を参照のこと。宮岡伯人先生のご教示による。

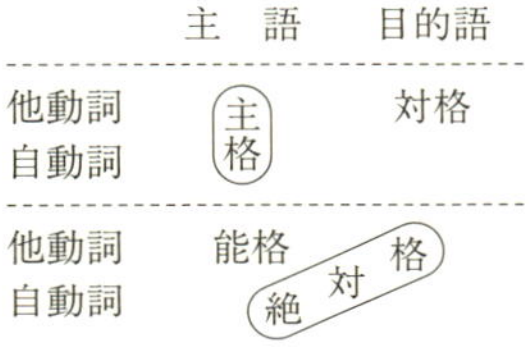

文法のしくみに「個性」をみる

文法のしくみに言語の個性をみるとは、どのようなことか。いま、「君が好きだ」と「お腹が空いた」という文を、いくつかの言語を例にとってどのように表現されるかを見ながら、言語の個性について考えてみよう。

(3)にあるのは、エスキモー語、アイルランド語、トルコ語、オランダ語、フランス語、中国語、英語の文例である。言語によって、同じ出来事、事象をあらわすのに用いられている言語的手法がさまざまであることが、これだけの例からでも見てとれる。

たとえば、アイルランド語では、お腹が空いたという事象を表すのに「空腹が私に在る」という表現形式をとる。エスキモー語では「お腹が空いている」を表す語幹 kaig- はそのままでは語をなさない。そこに接辞が付くことによって語としてのまとまりがうまれる。エスキモー語では「君が好きだ」も「お腹が空いた」も一語で文を成す。形態法が豊かというところではトルコ語も似ていて、「お腹が空いた」は空腹である状態を表すのであれば一語 aç-ım で文になるのだが、「君が好きだ」では「君が(を)」と「好きだ」、「お腹が空いた」では「私のお腹が」と「空腹だ」の二語から構成される。オランダ語とフランス語をみれば英語と文の構成が似ていて、フランス語は代名詞の縮約が特徴的であるものの、これらの言語では「お腹が空いた」の主語に「私」をたてるところはおなじである。ただし、「私」のあとに英語では「お腹が空いている」状態を表す be＋形容詞が来るのに対して、オランダ語とフランス語では、「飢えを持っている」という表現形態になる。文字表記ではわかりにくいが、中国語には声調があることも特徴的である。

日本語とトルコ語の比較・対照からも気づくことがある。表現形態に目をやれば、日本語の「君が好きだ」はトルコ語の Sen-i sev-iyor-um. に、「お腹が空いた」は Karn-ım aç. に似ているが、トルコ語では「私はお腹が(空いた)」のような、いわゆる二重主語文が作れず、(3 c-ii)と(3 c-iii)にあ

(3) さまざまな言語による「君が好きだ」「お腹が空いた」の表現

a. エスキモー語（ユピック）

君が好きだ	お腹が空いた
Assik-a-m-ken. 好き-他動詞-私が-君を	Kaig-tu-a. お腹が空いている-自動詞-私が

b. アイルランド語

君が好きだ	お腹が空いた
Tá grá agam duit. 在る 愛 私に（at me） 君へ（to you）	Tá ocras orm. 在る 飢え 私に（on me）

c. トルコ語

君が好きだ	お腹が空いた
Sen-i sev-iyor-um. 君-を 愛する-現在-私は〜だ	i. Aç-ım. 空腹の-私は〜だ ii. Karn-ım aç. お腹-私の 空腹の iii. Karn-ım acık-tı. お腹-私の 腹が空く-過去

d. オランダ語

君が好きだ	お腹が空いた
Ik hou van jou. 私 好む 小辞 君	Ik heb honger. 私 持つ 飢え

e. フランス語

君が好きだ	お腹が空いた
Je t'aime. 私 君-愛する	J'ai faim. 私-持つ 飢え

f. 中国語

君が好きだ	お腹が空いた
wǒ xǐhuān nǐ. 私 好きだ 君	wǒ è le. 私 お腹が空く 完了（変化）

g. 英語

君が好きだ	お腹が空いた
I like you. 私 好む 君	I'm hungry. 私は〜だ お腹が空いている

るように「私のお腹が」と、意味上の経験者が所有形で表現されているところに、日本語とのおおきな違いがある（詳しくは、Hayasi 1997を参照）。その「私の」-imが名詞の活用形で示されているのを見れば、一語が担いうる情報は日本語に比べると多いことがうかがえる。日本語の「お腹が空いた」の「が」は接辞ではなく接語（clitic）であることもここで確認できそうである。接辞は語の一部であり、語幹に付随する要素であるが、接語は付属的であるもののそれ自体で語である。

ここにあげた七つの言語の例に限ってみても言語ごとの違いは書き尽くせないが、ここに見たような表現形態の違いはひろくものの見方の違いから来ていると考えられる。世界ないし環境のとらえかた、言い換えれば、世界ないし環境を切り分けてどのように言語表現にするかが言語によって異なっているのである。言語の性質、個性は現実世界をどのように切り分けて言語表現にするかにあり、それを明らかにしていくことが個別言語研究のおもしろさである。

アイルランド目線の英語

ちなみに、アイルランドの現在の英語では、「君が好きだ」と「お腹が空いた」をあらわすときに人々がもっともよく用いるのは、それぞれ、ふつうの英語と同じ、I like you.（またはI love you.）であり、I'm hungry. である。一方で、アイルランド語の表現形態を引き継いでいると考えられる表現もある。

たとえば、アイルランドのケリー県の作家が書く演劇の脚本にはI knew there was good news in you.（いいことがあったでしょ。直訳：あなたにいいニュースがあったってわかるわよ）という文が出てくる。ふつうの英語ならYou have good news. とするところを、存在を表すthere be動詞（～がある）とin you

(あなたにおいて)を用いた形で表現される。日本語を母語とするわたしには、存在の「ある」を用いた表現はとてもしっくりくる。「彼にいい話があったのよ」なんて、なんだか隣のおばさまが話しかけてくれそうな、とてもこなれた日本語だ。所有表現(have「持つ」)ではなく存在表現(there be 動詞「ある」)を用いる表現形態は、アイルランド語と日本語に共通している。

ほかにもアイルランドでときどき聞く表現があって、街を歩いているときに隣にいた友人が A thirst came on me!(喉が渇いた)と言ったりする。「喉の渇きが僕の上にやってきた」だなんて、とても感覚としてわかりやすい。こんな表現を聞くとうれしくて、あぁいいなぁと思う。いつも、主体としての私が動作主、経験主としてそこから文を構成するのではなく、目の前で起こっている状況であるひとつの世界を構成するものとして自分を位置づけ、自分において何が起こっているかという観点から世界を認識した表現形態である。じっさいこの A thirst came on me! とそれに相当するアイルランド語の文 Tháinig tart orm(Got thirsty on-me)を並べてみると、アイルランド語の翻訳的表現をアイルランド英語のなかにとらえることができる。アイルランド人の友人の話すこの英語のなかに、アイルランド語におけるものの見方や世界の切り分けかたが引き継がれているのを感じとる。英語のなかに発見する、さりげない「アイルランド目線」である。

アイルランド英語のように、言語交替をともなう言語接触によって形成された言語のばあいには、そのおおもとのところで、基層にあるアイルランド語の表現形態を英語の語彙と基本的なルールを用いて、英語に実現しているということが考えられる。アイルランド語と英語の接触から時間を経て、現在までに標準的な英語変種との収束を見せつつあるアイルランド英語であるが、現在の形のなかにも、先祖のことばから引き継いだものが宿っている。アイルランド英語の奥深い印象の音、アイルランド英語に特有の語彙などは直接的にアイルランド語の影響があらわれているが、一見したところ「ふつうの英語」と変わらないように見える現在のアイルランド英語の文法にも、祖先の言語からの水脈が流れているのかもしれない。アイルランド英語の性質について、以降では時の表現と情報構造に関する表現を見ながら考えていこう。

Ⅱ 時の表現

間違った英語?

アイルランド英語の時（アスペクト）を表す表現をみながら、その文法のしくみをみてみよう。（4）の文例から考えてみたい。これらは私たちが学校で学んできた英文法においては、悪くすれば間違っていることになってしまう文形式である。（4a）の文は習ったことがない形であるし、（4b）の文はhave youで自分の経験をたずねられたら、こたえはやはり現在完了形を使うと教えられる。（4c）の文では「進行形」を用いてはいけないと言われてしまうかもしれない。ところが実際には、これらはアイルランド英語を話す人たちにとって適格に意味を表す、生きた英語表現なのである。すなわち、この言語の文法では、すべて文法的な文、正しい文である。

be after 形式が用いられた（4a）は目の前でバスが行ってしまったときの発話である。アイルランド英語には標準英語にない be after（+V-ing）の形があって、この文法形式でもって「〜（した／を終え

(4) アイルランド英語における時の表現の例

a. We're after missing the bus.

b.(「海外に行ったことはありますか」という質問に答えて)
I was in Scotland, I was in Paris, I was in Rome and that's about all, like.

c. Brian is working in TESCO two weeks.

た)ばかりだ」という完了の状態を表すことができる。アイルランド英語にも、標準英語と同形式の現在完了(have＋過去分詞)はあるのだが、アイルランド英語には be after 完了もあるので、微妙な意味の違いを表すことが可能である。be after はたんに完了の事実を言うのではなく、聞き手にはたらきかけて「ホットニュース」として自分の気持ちを説得的に伝える表現である。

(4b)はわたしがまだアイルランド英語になじみのない頃に現地でインタビューしたときの例である。Have you ever been abroad? と聞いたときの答えの最初の一文が I was in Scotland, I was in Paris, I was in Rome and that's about all, like.(スコットランドでしょ、パリでしょ、ローマでしょ、それくらいじゃないかしら)であった。have 完了を用いた質問に対する答えが was で与えられている。アイルランド英語では have 完了の分布(カバーする意味の範囲)が比較的狭く、一方で be 動詞の分布は広い。アイルランド英語の文法区画においては、経験は過去形で表されることが多い。

(4c)の文もその一例であり、「ブライアンはここ二週間テスコ(スーパーの名称)で働いている」の意味である。これはアイルランド英語の研究者が標準英語の訳文として Brian has worked in TESCO for two weeks.(ブライアンは二週間テスコで働いてきた)をあてるものであるが、アイルランド英語の文の意味は、日本語訳に違いがあるように、ぴったりと重なるわけではない。ブライアンがいま現在仕事中でも、あるいはたとえばアルバイトでしばらくテスコに雇用されている状態にあっても、正社員でこれからもそこで働くという状態にあっても、アイルランド英語では Brian is working in TESCO.（ブライアンはテスコで働いている）という文で表すことができる。そしてこの文に時をあらわす副詞句が付加されて、継続状態に時間的な参照が与えられるのである。

(5) How long are you here?

How long are you here? の意味

アイルランド英語における be の意味合いをつかむまでには、すこし時間がかかるかもしれない。標準的な学校英語を学んだ人や、別の方言の話者がアイルランドの人と会話するときには意味の調整をはかるのにちょっと手間取ることがある。その最たる例が(5)の文である。

たとえばあなたが旅行中にアイルランドで初対面の人にパブでこうたずねられたら、どのように答えるのがよいだろうか。アイルランド南西部で How long are you here? と質問されたら、「いつからアイルランドに来ているのか」の意味にとるのが普通であり、「全体で何週間の旅か」ということは質問の本来的な意図ではない。全体の長さ、あるいはこれからいつまでいるのかを聞くときには、How long are you here for? と for をつける。すなわちアイルランド英語の南西部方言では、How long are you here? は「ここに何日いたの？（どのくらいの間ここにいたか）」の意味になり、How long are you here for? で「ここに何日間いますか（どのくらいの間ここにいるか）」の意味になる。たとえば、ここに来て四日目で、もう二週間ここで過ごすというのであれば、I'm here four days and I'll have two more weeks. などと言えばいい。I'm here four days. は「これまでに四日いた」ことになり、I'm here for four days. であれば「四日間いる」ことになる。How long are you here for? と聞かれれば、「来週の月曜日まで」などと期限を示して答えるのが、現地流である。

アイルランド英語の How long are you here? という表現は、標準英語では How long have you been here? となるものであるが、How long are you here? と聞かれたほうは、アイルランド英語の話者でないかぎり、全体の旅が何週間かを言ったり、これまでに何日いて、あと何日アイルランドで過ごしますとか、適切であろうと思われる答えをする。アイルランド英語話者のほうでもわかりにくければ、誤解のないように質問を工夫するので、数回の問答を繰り返して情報は正しく伝わる。わたしのばあい、現地を訪れた最初の頃どうも話が噛み合わないとおもったときには、日程を書いて鉛筆を片手に説明していた。

最近遭遇した例でおもしろかったのは、大学生になるメイミーと十一時のバスに一緒に乗り、隣町まで出かけるときのこと。時間ぎりぎりでバス停にやってきた彼女は「心配にならなかった？」とわたしにたずねる。「きっとちょうど間に合うくらいに来ると思ったからまったく心配しなかったよ」とこたえたそのつぎに彼女が重ねた質問は、How long are you here? わたしは「あ、例の表現だ」ということに気をとられて、目の前の文脈とアイルランド英語でのその意味を瞬時合わせることができなかった。だから「うん？　なにを急にそんなことを？」と思って、Here in Listowel?（いつからリストールにいるかを聞いてるの？）だなんて聞き返したものだから、「ううん、何分に来たの？」と、メイミーは質問の意味を明確にしてくれた。そう、まさにこの感覚が How long are you here? だったのである。

日本語なら「待った?」、大阪弁なら「だいぶ待ったぁ?」さらには「いつ来たん?」、「いつからおるん?」などと聞くところを、こちらの人は How long are you here? というのである。翻訳すれば「いつからここ(すなわち、このバス停)にいるの?」という意味である。だから、I'm here ten minutes. と答えていたら、「十分前から来てたで」などと現地人らしく響かせることができたのである。自分の勉強がまだまだだなぁと感じるとともに、身をもって How long are you here? の感覚を知る経験ができたことをうれしく思った。バスのなかでは彼女がこれから進学する大学の話に花が咲いた。親元を離れて暮らす、その準備に出かけるメイミーは、昨日までは深刻だった、専攻の選択への迷いや不安はどこかに上手において、新生活への期待に溢れ、横にいるわたしまでうきうきさせてくれた。

独自の体系

時の表現を文例とともに解説してきたが、アイルランド英語文法におけるはたらきの概要が伝えられたであろうか。アイルランド英語における時を表す形式は、かんたんには(6)のように整理できる。文の意味はそれぞれ示した通りであり、(6g)の文は、第四章で紹介した、習慣を表す do be の例である。標準英語には過去の習慣を表す used to 形式はあるが、現在の習慣を表す形式はない。伝統的なアイルランド英語では、do be(+V-ing/形容詞)で習慣を表すことができる。

ここで確認しておきたいのは、標準英語にある形式、ない形式にかかわらず、これらの文法形式が

(6) アイルランド英語における時を表す表現

a. I clean your room. （あなたの部屋を掃除する）	［単純現在］
b. I am cleaning your room. （あなたの部屋を掃除している）	［be V-ing 継続］
c. I am cleaning your room two weeks. （あなたの部屋を2週間掃除している）	［be V-ing 継続（＋期間を表す副詞句）］
d. I am after cleaning your room. （あなたの部屋を掃除したところだ）	［be after 完了］
e. I have cleaned your room. （あなたの部屋を掃除した／掃除してきた）	［have 完了］
f. I cleaned your room. （あなたの部屋を掃除した）	［単純過去］
g. I do be cleaning your room. （いつもあなたの部屋を掃除している）	［do be 習慣］

アイルランド英語固有のやりかたで意味を表しているということである。どのような区切りでものを見るのか、そこのところが標準英語とは事情が違っている。つまり、アイルランド英語と標準英語では、現実世界をどうあらわすか、その区画が違ったやりかたでなされているのである。

アイルランド英語は、現在においては他の英語変種との収斂が起こっている、すなわち影響を受けて似たところに収束しつつあると考えられるが、語彙、音韻だけでなく、時をあらわす表現を含めた文法の根幹にも、アイルランド英語独自の体系を見出すことができる。

独特の意味をもつ be after 完了

時の表現のなかで、アイルランド英語といえばこれ！という be after 完了をここで詳し

(7) We are after missing the bus!（バスを逃してしまったね！）
(8) a. I am after *having tea*.（お茶したところだ）
b. Brian is after *his lunch*.（ブライアンは昼食を終えたところだ）
(9) I'm after being called, you know.（呼ばれていたのよ）

く見てみよう。be after 完了は、アイルランド語からの言語的な継承とそれが英語においてどのように実現されるかを考えるのにとてもよい例である。また、現代の人々によく使われる表現でもある。

数年前のあるとき、コークの町でバスを待っていた。道路工事のためにいつもの停留所が別のところに移動しているという。いつもの停留所でその張り紙を見た私とそこに居合わせた女性は一緒に移動先のバス停に向かって歩いていた。すると、そこにバスが通りかかる。臨時のバス停は目の前、走れば間に合うかもしれない。小走りで駆けていったが、バスはついにドアを閉め、走り出してしまった。そのときに、いっしょにいた女性の言ったことばが、(7)であった。思いがけず be after 表現が聞けたことに、わたしはバスが行ってしまったことなどどうでもよくなって、ひとり心を熱くした。さきほど紹介した be after 完了の登場である。

be after のあとには、V-ing ないし名詞句が続く。be after の導く名詞句は出来事的な意味合いが定着しているのがふつうであり、(8b)、(10a)のように多くのばあい主語の人称に対応した限定詞をともなう。

be after 形式は、最近ますますよく聞かれる印象である。感覚的なことをいえば、数年前にはダブリンでよく聞き、最近ではコーク、ケリーなどの南西部の地域では二日に一度は耳にする表現である。

be after V-ing 形式に用いられる動詞について、ジェフェリー・カレン（Kallen

（10）アイルランド英語（上段）の be after 形式とアイルランド語（下段）の tar eís 形式

a. Tom is after his supper.
Tá　Tomás　tar eís　a　shuipéar.
だ　トム　after　彼の　夕食
（トムは夕食を終えたところだ）

b. I am after taking three plates from the cupboard.
Tá　mé　tar éis　trí　phláta　a　thógáint　ón　gcófra.
だ　私は　after　３枚の　皿　小辞　取る（動名詞）　から-その　食器棚
（私は食器棚から３枚のお皿を取り出したところだ）

1989）はダブリンを中心におもに自然発話の聞き取りによって集めた１４０例から傾向を示している。カレンの文例においては、多い順に、being（22例）、getting（13例）、having（6例）、taking（6例）、coming（5例）であることが報告されている。いま手元にあるジョン・Ｂ・キーンの劇作と自然発話の文例においても、going, missing, plugging, stealing, running, rising, cleaning, telling, being, growing up, shutting, finishing など、用いられる動詞はさまざまである。be after がこのように生産的な文法形式であることを実際に確認できた気がしたのは、（9）の文例に遭遇したときである。ダブリンのタクシーで女性運転手と会話をしていて、途中で無線が入ったために会話が中断し、そのあとでふたたびわたしに話しかけたときに聞けた表現である。このような受動の形式も be after とともに用いられる。

be after 形式を用いた文はアイルランド語の tar eís［＝after］形式を用いた文と平行的であり、アイルランド語からの翻訳借用（calque）、すなわちもとの言語の表現を「翻訳先」の対応する語に置き換えた表現であるとみなされている。（10）の例でアイルランド英語とアイルランド語との対応を見ればその意味がよくわかるものと思う。

be after 完了は、アイルランド語の表現形態が英語の語彙と文法のルールに則って形成されたとみることができる。ただし、この表現はアイルランド英語において完了を表す形式として分布が確立されたものであり、アイルランド語とは機能的分布が異なっているというところには注意が必要である。アイルランド英語において完了を表す形式として be after が文法化され、時をあらわす他の形式との対立をもって定着してきたと考えられる。

be after 完了と have 完了の使い分け

be after 形式はアイルランド英語に特有の形であるが、アイルランド英語において完了を表す形式はほかにもある。標準英語にもある have＋過去分詞がそれであり、have 完了と be after 完了が実際に使い分けがなされていることが二〇〇八年までの調査で分かってきたことである（詳しくは、嶋田二〇〇八年）。

アイルランド英語では、have のない形式、すなわち完了の意味が文法形式において表示されない単純形で、標準英語の have 完了が担う意味範囲を表すことが多い。とはいえ、少なくとも共時的にみて、アイルランド英語のなかに、完了が形式的に表示されるものとして have 完了と be after 完了があるのだから、その対立を明らかにすることで、アイルランド英語の文法体系の理解に一歩近づく。

ここで、be after 完了と have 完了の使い分けについて、文例とともに見ていこう。be after V-ing が与えられた文脈において不適切になる例を（11）に、have 完了よりも適切性が高くなる例を（12）に示す。

(11)（文脈：ジャー（夫）は仕事に急いで出かけることになり，服をベッドの上に放り出したまま，メアリ（妻）に「片づけておいてくれる？」と言って家を出る．その後ジャーが帰宅したときにメアリが言う．）

a. ok. I've tidied your clothes.

b. # I'm after tidying your clothes.

［#は文としては可能な形だが，与えられた文脈のもとではその使用が不適切であることを表す.］

(12)（文脈：ブライアン（息子）は学校から帰って服を着替え，学校鞄を放り出して，せっかくメアリ（母）が片づけておいた部屋を再び散らかし，友達と遊びに出かけようとする．そのときメアリは，せっかく片付けたんだからきれいにしなさいという気持ちで，ブライアンに言う.）

a. # I've cleaned your room.

b. ok. I'm after cleaning your room.

(11)において、話し手メアリは服を片づけるという動作ないしその出来事の完了は聞き手ジャーの予測に合うものであると知っている。このような状況のもとで、be after 形式は不適切である。もしあえて(11b)の be after のほうで言えば、すこし恩着せがましく、あるいは冗談ぽく聞こえるかもしれない。対して(12b)においては、聞き手ブライアンが前提として予測できない内容が be after 形式によって効果的に表されている。(12a)であれば、たんに動作の完了を告げる文となり、聞き手ブライアンに対して「掃除したばかりなんだからきれいにしなさい」という含みをもって働きかけることはない。

すなわち、be after 形式は発話時以前の出来事や動作の完了を発話の場面において感情表出的に「ホットニュース」として語るときに用いられる。このような感情表出性を考えれば、be after 文が公的な領域よりも「友好的（仕事）」「友好的（一般）」「家族」「店」といった場面での会話において用いられるこ

(13) i just started working on monday—am working in a centre for adults with learning disabilities as a psychologist—*i've just started* so i dont know exactly what they want me to do—but am enjoying the work so far! (2002年，電子メール私信，コーク，20代)
(月曜日に働き始めたばかりなんだ．心理学者として学習障害のある人を支援するセンターで働いているよ．始めたばかりだから，その人たちが自分になにをしてほしいのかがよくはわからないんだ．けれど，今のところ仕事を楽しんでいる．)

とも(Kallen 1991)、納得できる。

have 完了が用いられている例も見ておこう。(13)に示すのは友人のメールからの文例である。メールで友人に状況を報告するこの発話の文脈においてbe after 完了を用いるのはおかしい。be after 形を用いてI am after starting (it) のように言えば、読み手に対してなんらかの説得を行うような表現になり、たとえば、「いま働き始めたばかりなんだから(いろんなことがわかるわけないだろ)。わかってくれよ」というような含意をもつ。have 完了のみがしっくりとくる文脈である。このメール文では書き手は状況を述べているにすぎず、聞き手に対してなにかを求めるものではない。このようなばあいには、相手にいわば拘束力をもって働きかけるbe after 形式は不適切となるのである。

このメール文の例は、have 完了に加えて、アイルランド英語の時を表す体系を知るのにも良い例である。文章の最初の月曜日に働きはじめたというところではhave 完了ではなく過去の形が用いられ、つぎに心理学者として学習障害のある大人のための施設で働いているという状況を表すときにbe V-ing 形、つぎの文で現在に視点をおいて客観的に自分の状況を相手に知らせるところでhave just started の形が用いられる。最後の文で、これも興味深いことであるが、これまでのところを楽しんでいるという意味を表すのに have 完了ではなく be V-ing 形を用いるのである。この[I] am enjoying the work so far. における be の意味範囲は、前に紹介した Brian is working in TESCO two weeks.（ブライアンはここ二週間テスコで働いている）や、How long are you here?（どのくらいの間ここにいましたか）にある be と共通するものである。

このように、アイルランド英語では、近過去の出来事ないし動作が完了しているという事実を述べる目的であれば have（just）V-en 形式が用いられるが、完了した発話時の状態に話し手の視点の中心があり、それを発話場面において聞き手への働きかけをともなって伝えるときには be after V-ing 形式が用いられる。現在のアイルランド英語において、be after 完了は have 完了と違った表現効果をもつのである。

そして最近では、be after 完了がさらなる変化、進化を遂げているのかもしれないと感じることがある。アイルランド英語の be after 形式は複数の研究者によって「ホットニュース完了」と呼ばれてきたものであり、わたしもそのように考えているが、最近では be after 形式の表す意味がすこし拡張しているように思われる。これからさらに調査をすすめる必要があるが、聞き手への働きかけを意図しないばあいの、完了した結果状態を表すのにも用いられている例が散見される。使われる頻度が高くなっているように観察されることとも関係しているが、二〇一五年調査時の用法をみていると、be after 完了は have 完了に比べて、状態に重きをおいて完了状態を伝える表現であると、ひとまずとらえておくのがよいのかもしれない。be after 完了は、第四章でみたように、比較的多くの話者にアイルランド的であると認識され、話者の「使用」報告の多い、いわば人気の形式である。このことからしても、使用領域が拡大することに不思議はない。ますます目が離せない、魅力的な形式である。

III　情報構造の表現

強調構文を手がかりに

話題は変わって、学校の英文法で習った強調構文。文例をみれば、あ、習いましたね、と思うかもしれない。ここでは私が高校のときに勉強した参考書、通称「チャート式」(『基礎からの新総合英語』一九九一年)の462‐463頁をちょっと覗いてみるところから始めよう。

(14)の文においては、動詞以外の要素は強調できて、It is X that Y の形で、「YなのはXだ」の意味を表すと説明がある。たとえば、(15)では、「私は昨日ここでジョンに出会った」の文の一構成素である「ジョン」に強調が置かれているとされる。

学習文法で強調構文とよばれるものは、すこし専門的には分裂文とよばれる。(15)は「私が昨日ここで誰かに会った」という前提があって、メアリや花子やジョーや太郎といった他の可能性の誰でもなく、ジョンであるということを伝える文である。この文では it was と that のあいだの John が取り出されて焦点化されている。

高校時代の参考書の同頁には(16)のような文もあって、高校一年生の当時より、いまのほうがすうっと身に入ってくる素敵な文だから、つい紹介したくなる。

この文では until 節が焦点化されて否定の形をとる。直訳すれば「勉強の重要さがわかったのは卒

(14) I met John here yesterday.（私は昨日ここでジョンに出会った）
(15) It was John that I met here yesterday.
（私が昨日ここで出会ったのはジョンでした）
(16) It was not until I left school that I realized the importance of study.
（私は卒業して初めて勉強の重要さがわかった）

業するまではない」、すなわち、「卒業して初めて勉強の大切さがわかった」という意味がこの文で表される。参考書では二頁程度の扱いでしかない強調構文であったが、その後アイルランドの英語をみていくときにはぐんと存在感を増すことになった。この例文をアレンジして、It was not until I studied Hiberno-English that I realized the importance of the cleft sentence.（アイルランド英語を研究して初めて分裂文の重要さがわかった）と、思わず英作文したくなる。

ところで、文の一部分を強調したいときに、英語ではいつでも分裂文が用いられるというわけではない。ふつう、文の一要素を強調したいときには、英語はアクセント（文強勢）という音声的な手法を用いる。たとえば、Mariko met John in the garden.（まり子は庭でジョンに会いました）というときに、「庭（で）」というところを話し手が強調したいときには、garden が強く、さらにいえば、[aː]（アー）の音が強く長めに発音される。この文ではどの文要素にも強調を置くことができ、たとえ in や the のような機能語であっても、「外でなくて中」ということをとくに伝えたいのであれば、Mariko met John IN the garden. というふうに in を強調して「庭の中で」とすることもできるし、「いま話したまさにその庭で会ったんだよ」ということを伝えるのならば、Mariko met John in THE garden. と、「その」を強調することもできる。

一方、英語の分裂文が使える文脈はそんなに多くない。新聞の冒頭で「〜が起こったのは何月何日の朝だった」などの書き出しに見かけることはあるが、そうでもないかぎり、ふつうはなにかしらの情報がすでにあって、新規の情報を取り立てて提示したり、ある要素の重要性を特段に示したりするときに用いられる。たとえば、さきほどの「昨日ここで出会ったのはジョンでした」の意味を表す It was John that I met here yesterday. という文も、この文でいきなり始めるとても唐突な感じで、急に思い出して言葉にするか、懐古的に何か重要なことを語るというのでなければ、不相応な感じがする。ふつうに語るなかで、ジョンということを強調したいのであれば、ジョンを強くやや長めに明確に発音すれば事足りる。It was John that I met here yesterday. という分裂文がもっとも自然に出てくるのは、たとえば、「昨日、ジョーに会ったでしょ」「いや、違うよ。昨日会ったのはジョンだよ」といった文脈であり、英語では分裂文はそう頻繁に出現するものではない。

'tis 文は分裂文か

じつはアイルランド英語にも、一見したところ、英語の分裂文に似た文構成のパターンがある。筆者の見立てでは標準的な英語とは事情がちがっているのだが、ひとまず(17)のアイルランド英語の文例を見てみよう。

一方に標準英語を置いて(17)の文を眺めてみれば、アイルランド英語の 'tis(発音は /tiz/)は it is の縮約形(ただし、it's ではなくて、あくまでも 'tis)とみることができるから、なるほど(17 c)の文などはいかにも標準英語の分裂文のようである。標準英語の分裂文ならば、It is cancer that I am getting. となるであろうか、そんなふうに見える。

(17) アイルランド英語の 'tis 文の例

a. 'Tis a brave girl you are.

b. 'Tis everything in that book happened in this area.

c. Maybe 'tis cancer I'm getting.

d. How do we know but maybe 'tis dead you are, or worse.

e. I suppose 'tis boozing on brandy you are with McFillen.

f. 'Twas at the river bank I met Tamami.

アイルランド英語および英語研究者の多くは、ここにあげた文のパターンを分裂文として記述し、そのもとで、アイルランド英語の分裂文の、たとえばイギリス標準英語との違いを示してきた。アイルランド英語の分裂文では、形容詞も時制をもたない動詞句も焦点化できると説明されてきた。すなわち、(17)の例では dead や boozing on brandy が焦点化されているとみて、焦点化できる句範疇が標準英語よりも広いと記述される。またアイルランド英語の分裂文の特徴として、多くのばあい that が省略されることと、出現頻度が非常に高いことも、指摘されてきた。

分裂文として記述されてきた文形式をよく調べていくと、ここにはアイルランド英語の独自の情報構造表出の手法が関わっていることがわかってきた(Shimada 2010)。一見したところ分裂文に似た形をとっていても、その中身のところでは異なるしくみがはたらいているのである。結論を先に言えば、アイルランド英語においては、焦点化構造として分裂文があるのではない。分裂文と類似してみえる文は、話し手の主観の発話場面への関与を示す標識の 'tis と、話し手にとってより重要な情報を担う構成素を前置するしくみが組み合わさったものである。第六章において示す、アイルランド英語の形成過程を考えに入れれば、標準的な英語への形のうえでの近似化がこのような文の構成を可能にし、パターンの定着をうながしたと

(18) 'tis 文が用いられる文脈

Connie: ...The Bishop asked him who crucified Our Lord? You should hear the answer he gave.

Sonny: (Defensively)'*Twas fellows behind me whispered it in my ear.*

Connie: You know the answer he gave... 'Ali Baba and the Forty Thieves', he said.

(コニー：司教が彼に我らの主を十字架にかけたのは誰かと尋ねたんだ．なんて答えたと思う．

ソニー：(むきになって)後ろにいた奴が僕の耳にささやいたんだよ．

コニー：こんなふうに答えたんだ，「アリババと 40 人の盗賊」って．)(『山でいちばん高い家』25 頁)

考えられる。このあたりのことを、順を追って説明していこう。

前節のおわりに述べたように、一般の英語では分裂文の出現頻度は高くない。ところがアイルランド英語では、一般の英語が分裂文を用いないような文脈で、分裂文に類似した形式を用いる。いま、アイルランド英語の分裂文に類似した形式を便宜的に'tis 文とよんで、その振る舞いを見てみよう。

(18)の例において'tis 文は、前の発言につなげて自分の意見を述べる文脈で用いられている。分裂文とみるなら、自分の耳に誰かがささやいたという前提があって、その誰かが自分の後ろにいた奴だという意味で fellows behind me を焦点化していると解釈されるが、そうではない。この文の me と whispered は断絶がなく発音され、'twas のあとの情報はひとまとまりの節となっていて、そのなかのそれぞれの構成素には情報上の不均衡がない。'twas のある文とない文を比較してみると、'twas があるばあいには、話し手がその出来事を思い出し、発話の文脈に関連づけて内容を語るということが文に表示されているといった違いがある。

(19) 'tis 文が出てくる会話

A: Why do you say so?

B: *'Tis everything in that book happened in this area.*

(A：どうしてそう言うのですか.

B：あの本にあることはすべてこの地域で起こったことだからよ.)

英語との対照によってその逸脱から特徴をとらえようとするのではなく、その文を構成する諸要素を、アイルランド英語の体系そのものにおいて眺めてみたときに分かることがある。'tis 文については、アイルランド英語における 'tis の機能に目を向けることで、標準英語の分裂文とは異質な機能がみえてくる。'tis の話に移る前にもう一つ、自然発話からの例を見ておこう。(19)はケリー州の友人との会話の中で出てきたものである。

(19)で 'tis 文は理由を提示するところで用いられている。さまざまな文例をここで検討することはできないが、総じて、'tis 文は、自己確認を含めた確かめ、過去の回想、if 節などにおける条件提示といった文脈にあらわれる。文脈と音声的なあらわれをみれば、標準英語のように主部が焦点化された分裂文でないことは明白である。

ことばの内部で働いているしくみ

'tis はここまでにみてきた分裂文類似の文形式以外にも多く登場する。試みに、ジョン・B・キーンの戯曲のひとつ『シャロンの墓』の55頁を開いてみると、(20)のように一頁のなかに 'tis を使った文が二度あらわれる。

同頁には 'tis の仮定形 'twould も、'Twould be an ease to get the potatoes down. (いもを下ろした方が楽だろう)というふうにあらわれている。このような縮約形式

(20) 戯曲『シャロンの墓』の一節

Peadar: ’*Tis* time to go, I’d say! I am very thankful to you for keeping me these last days.

Trassie: ’*Tis* how I should be thanking you... the great help you were to us.

(パダー：もう行く時間だね．ここ数日お世話になり，感謝している．

トレイシー：私のほうこそあなたに感謝しているんです．あなたのおかげでほんとうにたすかりました．)

はシェイクスピアの時代の英語にもあらわれるものであるが、アイルランド英語では現在でも ’tis, ’twas, ’twould, ’tisn’t, ’twasn’t, ’twouldn’t といった形式で普段の会話にあらわれる。このことは、アイルランド語でそれぞれに対応する語があることと無関係ではないであろう。たとえば、’twas はアイルランド語の ba(過去・肯定)に、’tisn’t は ní(現在・否定)に、’twasn’t は níor(過去・否定)に対応していて、たとえば ’twasn’t には過去と否定の情報がひとつのかたちにこめられている。あるとき言語調査の折にわたしがなかなか上手に発音することができなくて、インフォーマントの方がなんども自分で発音しながら、わたしに「もっと速く言ってごらん」と言って、教えてくれたのを思い出す。彼らにとっては、そこにいちいち it is や it was not があるのではなく、アイルランド語の is や níor のように一語で ’tis, ’twasn’t なのであろう。

さらに言えば、’tis はアイルランド英語において、それひとつで意味をもつ。すなわち、頷きの言葉として ’Tis, tis. といった表現が使えるまでに、語彙化されている。挨拶や会話における頷き、同意に用いられる ’Tis. の用例を(21)に示そう。’tis には相手の発言の内容をみずからの主観に照らして確かめる機能がみとめられる。

もうひとつ、’tis 文の構成を理解するうえで重要なことがらをここ

(21) 頷き，同意として用いられる ’tis

a. A: ’*Tis* a grand day thank God!
B: ’*Tis*! (*with a nod*) [2004, Cork]
(A: おかげさまでいい日になりましたね．
B: そうですね(頷いて)．)

b. Ellen: Glory be to God, is anyone safe? That’s a dead loss.
Nora: *Tis*.
Ellen: That’s a dead loss that place.
Nora: *Tis tis*. (Murphy 2006)
(エレン：神さま．みんな大丈夫だろうか．あれはひどいことだった．
ノーラ：そうね．
エレン：あそこはひどいことだったね．
ノーラ：そうそう．)

でみておきたい。アイルランド英語においては、’tis 文以外にも、文のなかの重要な構成素を文頭にもってくるという構造(以降、「前置化構文」と呼ぶ)がときどき見られる。このことも、’tis 文の構成とアイルランド英語における情報構造の表現を知る手がかりになる。ちなみにこの前置化構文の頻度もイギリス英語よりも高い傾向にある。

(22)の一節では、前置化構文と ’tis 文の両方をみることができる。Gone to buy the wedding clothes they are. という文では、「彼らが結婚式の服を買いに行った」という状況のなかの「(結婚式の服を買いに)行った」という要素、すなわち動作の完了状態がパットと会話しているナナにとってもっとも重要な情報であり、その情報が文の先頭の位置に出されている。つぎの文も同様に、「結婚式の服とお酒を買うためにドータが五十ポンドあげた」という状況の中の「五十ポンド」が、「ドータ」や「結婚式の服とお酒を買うため」や「(ドータがなにかを)あげ

(22) 前置化構文と 'tis 文にみる情報構造の表現手法

Pats: I saw the young girl, Sive, and the other one going the road to town airly [<early] in the day.

Nanna: *Gone to buy the wedding clothes they are. Fifty pounds Dota gave to buy the clothes and the drink for the wedding.*

Pats: *'Tis about the wedding I came.* Last night we made a plan in the caravan.

(パット：その若い娘サイブともうひとりが朝早くに町へと出て行くのを見たんだ.

ナナ：結婚式の服を買いに行ったのよ．50 ポンドを，結婚式の服とお酒を買うためにドータがあげたんだから.

パット：その結婚式のことで僕は来たんだ．ゆうべキャラバンの中で計画を立てたんだ.)(『サイヴ』34 頁)

た」といった、その状況を構成する他の要素よりも話し手にとって重要であるために前置されている。そしてパット、ナナの発言に関係づけて、これから自分が話す内容を自分の主観を通してその文脈の流れに乗せて語るときに 'tis があらわれ、つぎに「僕は結婚式のことで来た」という内容のなかでもっとも重要な要素である「結婚式のことで」というところが前に出て 'Tis about the wedding I came. となり、つぎの文も情報のうえでもっとも重要な要素から文が始められる。かけあいの会話では、このようなことがリズムを生むだけでなく、効率的な情報の伝達に役立っていると考えられる。

ここで確認しておきたいのは、アイルランド英語では情報として重要な要素をこのように前置するという手法をとるが、たとえばイギリス標準英語ではこのような手法はあまり用いないということである。一般的な英語では、音声的な卓立、すなわちイントネーションや文強勢によって、その文の構成素の情報上の重要

(23)アイルランド語におけるコピュラのある文とない文

a. *Is*	lúchorpán	a	chuartaíonn	Seán.
コピュラ	妖精	関係詞	探す	ショーン

b. Lúchorpán	a	chuartaíonn	Seán.
妖精	関係詞	探す	ショーン(McCloskey 1979: 116)

性が表される。アイルランド英語は音声的な手段に加えて、形態統語的な手段によって、文におけるそれぞれの構成素が担う情報の相対的な重要性を表現しているのである。

それがわかりやすく見られる例をここでとりあげてきたので、あくまでも傾向としての話ではあるのだが、アイルランド英語においてこのような傾向が見られることは重要である。情報構造表出の手法、さらにその奥にある、どのような文法的対立が文のかたちに関わっているのかを理解することが、個別言語としてのアイルランド英語の言語的性質、ひいてはアイルランド英語のアイルランド英語らしさを明らかにするおおきな手がかりになるのである。

アイルランド語をみれば合点がいく

ここで、アイルランド英語の'tis文と前置化構文に対応するアイルランド語の文例を見ておこう。アイルランド英語の文の振る舞いを理解するのに、やはりアイルランド語は不可欠である。この例はアイルランド語に関する論文から引いたものであるが、この文例をとおして、文頭のコピュラのIS(英語のisと区別するために大文字で表記)が省略可能であることが説明される。コピュラ(繫詞)は日本語の「だ／である」にあたるもので、「XはYだ」といった関係づけを与える語のことである。(23)のアイルランド語の文例は、アイルランド英語で'tisのある文となない文の両方が可能であることと平行的である。
(23)の例をあげた論文の著者は(23a)と(23b)の両方に共通する訳文として It's a leprechaun that John seeks.(ジョン(ショーンの英語名)が探しているのは妖精だ)をあてているが、アイルランド語の原文の意味はむしろ「妖精をジョンは探している(んだ)」に近いと考えられる。さらに言えば、コピュラのある(23a)はアイルランド英語の 'Tis a leprechaun Seán seeks.(妖精をジョンは探しているんだ)の意味に、コピュラのない前置化構文(この例では名詞句文としても解釈可能)である(23b)は A leprechaun Seán seeks.(妖精をジョンは探している)というアイルランド英語の意味にぴったり重なるとわたしは考えている。

イギリス英語とちがって、アイルランド語は情報構造を表すのに音韻的な手段よりも形態統語法的な手段を用いる。グリーン(Greene 1966: 42)は「アイルランド語はイントネーションよりも文法的な手段で強調を表す。強調する語があればどんなものでも文の先頭にもってきてその前に IS を置く」と書いている。コッター(Cotter 1994: 134)は「英語のイントネーションで表されるものの多くはアイルランド語では文法的に表示される。とくに、ある発言のもっとも「重要な」部分はアイルランド語では文の先頭に移動するか形態法的に表示される」と述べている。

コッターがアイルランド語の「焦点表示」体系を例証しようとして、「前提ないし背景との関係においてではなく」、「ある発言の特定の構成素の強調」として焦点を定義したことはたいへんに興味深い。アイルランド語の「焦点化構造」を例証するためには、焦点の第一義的定義はゆずらなければならないのだ。同様のことがアイルランド英語の情報構造においてもあてはまる。すなわち、英語の分

(24) a. Is ag caint a bhíodar.
IS at talk.VN PRT were.they
［アイルランド語］(Doyle 2001: 89)
b. 'Tis talking they were.［アイルランド英語］
(彼らは話しているね.)
c. They were TALKING.［標準英語］
c'. *It is talking that they are.［標準英語］

(25) a. Is é an t-arbhar a bhaineann m'athair le speal.
IS it the grain REL reaps my father with scythe
［アイルランド語］(Cotter 1994: 136, 139)
b. 'Tis the grain my father reaps with a scythe.［アイルランド英語］
(その穀草を私の父が鎌で刈るのよ.)
c. My father reaps the GRAIN with a scythe.［標準英語］
c'. It is the grain that my father reaps with a scythe.［標準英語］

裂文と同じ「焦点」という概念では、アイルランド英語の文の構成をぴったりと一致する形で説明することはできない。標準英語の分裂文が「焦点」の統語的なあらわれであるのに対し、アイルランド語とアイルランド英語ではそうは言えないのである。

アイルランド語のIS文に関するグリーンとコッターの見解をアイルランド英語'tis文の情報構造についてのみずからの考察と合わせて、アイルランド語文の意味をアイルランド英語と標準英語で表したのが(24)と(25)である。それぞれのアイルランド語文において、情報構造とISの後にくる要素は、アイルランド英語との類似をみせる。アイルランド語の(24a)の意味は標準英語では「話している」にアクセントが置かれたThey were TALKING. に表される意味に近く、分裂文が表す「彼らがしていたのは話すことだ」に一致した意味ではない。(25a)も同様に、文の意味は「穀草」に文強勢が置かれた英語文の意味に近く、その情報構造は「私の父が鎌で

(26) I suppose *'tis boozing on brandy you are with McFillen.* He's not fit company for anyone...
(マクフィレンとブランディで酔っぱらっていることでしょう．彼は誰にとってもよい呑み友達ではなく…)(「成功した議員の手紙」56頁)

刈るのはその穀草だった」のように訳出されるものとは異なっている。ちなみに、標準英語の分裂文では、(24c')のように目的語の名詞句は焦点化できるが、(25c')のように進行形の動詞を焦点化位置に置くことはできない。文の意味の対応はアイルランド語とアイルランド英語にみられるのである。

確認のために、アイルランド英語の 'tis 文の用例をひとつ見ておこう。(26)はジョン・B・キーンの書簡体小説からの一節で、抜粋部分は妻が夫にあてた手紙のある段落始めである。'tis のあとに進行形の動詞句が来ている文が見られる。(26)の例では suppose(～を仮定する)に続く 'tis によって想定が導入される。頭のなかにある想定を文として表現するときに 'tis があらわれ、「あなたがマクフィレンとブランディを飲んでいる」という、頭に思い描いた状況が提示される。その際、状況の中でとくに情報の際立っている要素、すなわち話し手にとって文のほかの構成素にくらべて重要である boozing on brandy(ブランディを飲んでいる)がその節内において前置され、このような形であらわれている。ここでもし仮に、想定される状況においてそれぞれの構成素の重要性が均等であれば、'tis you are boozing on brandy with McFillen となるところである。(26)の文においては、話し手の主観にかんがみて想起したことを表示する 'tis と、重要な要素を前置するしくみが組み合わさって、その文の形をとっているのである。

見た目と中身の問題

アイルランド英語の 'tis 文は、一見したところ、英語の分裂文と見紛う構文である。「見紛う」というのは一方にやや加担した言い方で、文の表面的なかたちが似ているのだから、ひとまず分裂文でいいじゃないですか、という人がいてもいい。情報構造にしたところで、前提と対比される新規情報としての焦点は、文のもっとも重要な要素と重なることが多いのだから、文の構成に直接結びつく文法的対立、すなわち焦点かどうかが統語構造に一対一に対応しなくとも、文によっては解釈として焦点をわりあてることも可能である。事実、'tis 文のなかに典型的な分裂文とそうでないものを認める研究者もいる。

わたしの目から見れば、それらの文は 'tis の機能、'tis 文使用の文脈、'tis のあとに前置化しておかれる構成素の句範疇などにおいて共通性をもつのであるから、統一的に扱うのがよい。そのうえで何が 'tis 文のような文構成のパターンを生み出しているのかを考えてみる。

いま 'tis 文形成の始まりに想いを馳せれば、そこにあるのは、アイルランド語のコピュラ文連続体のひとつとしてとらえられる IS 文と十七世紀以降アイルランドに広まった英語にあった 'tis で始まる文、そして分裂文の統語構造。音声的にみても、アイルランド語の文頭の IS にはアクセントが置かれず、そのあとにくる名詞に形態音韻的によりかかるから、アイルランド英語において 'tis を置くことによって、似た韻律を生み出せるということがあったかもしれない。推測にすぎないのだが、比較的頻度たかく出現する、アイルランド語の IS と当時の英語の 'tis～it is の使用文脈の近似、韻律および文構成における近似化による動機づけを得て、使用のうちに定着をみたのがこの 'tis 文のかたちではなかろうか。

アイルランド英語の'tis文におけるthatの出現はたいへんに限定的であり、'tisのあとに来る要素はほぼ、主語名詞と比較的長い前置詞句のみである。すなわち、thatの出現は前置化によってほかの構成素との情報の重要度における際立ちを(十分に)表現できないばあいに限られる。その際に登場する、重要な構成素を表示するいわば補助的なthatにも英語への形式的な近似を見ることができるかもしれない。アイルランド語と英語が接触によって寄り合い、ひとつの近似的収束において英語の語彙のなかに実現をみせたのが現代のアイルランド英語の伝統方言に残る'tis文であると考えられる。

これまでの考察をまとめると、アイルランド英語の'tis文は、情報構造に関してアイルランド語の表現形式との類似を示している。アイルランド語と英語との接触によってできたアイルランド英語は、語彙および形式的には英語でありつつも、アイルランド語から引き継いだ情報構造の表現手法を保持していると考えられる。すなわち、見た目は英語でも、中身はアイルランド語なのである。ただ、いったん見た目が英語になってしまえば、標準英語との本質的な違いを明確にしたり、その形がどこから生まれ、どのようなしくみがはたらいた帰結であるのかを明らかにすることは容易ではないのかもしれない。

あるとき温泉旅館の朝食をみんなで美味しく食べて、ごちそうさまの前に「鮎がおいしかったね」と自分が言ったとき、ちょうどこのアイルランド英語の'tis文と英語の分裂文のことが頭にのぼった。そして、あぁ日本語はうまいことできているなぁと感じた。「鮎はおいしかったね」と言えば、ほかにいろいろでてきたお料理はいまいちだけれども、この干物の鮎だけはおいしかったという意味になってしまうが、みんながすでにいくつかの料理をおいしいと言いながら食べている文脈で「鮎がおいしかったね」といえば、他のすべての料理がおいしいという了解があって、とくに鮎がおいしかったということが表現できる。この文脈で「鮎はおいしかったね」と言えば、みんなの意見に反対しているようなニュアンスになってしまう。日本語の「が」は守備範囲が広いので多様な解釈を許容するが、日本語では「は」と「が」の助詞の違いでその背後にある情報まで伝えてしまうところが絶妙である。ごちそうさまを言いながら、英語の分裂文 It is the sweetfish that I liked. は日本語の「鮎はおいしかった」に近く、アイルランド英語の 'Tis the sweetfish I liked. は「鮎がおいしかった」に近いのかもしれないと考えていた。日本語の「は」と「が」の事情は複雑で、こんなふうに単純に比定してしまっては叱られそうだし、もちろん完全に綺麗な対応をみせるわけでもないのだが、アイルランド英語の 'tis 文と英語の分裂文の表す情報にはこれくらいの違いがあるように思う。

　言語によって世界の範疇化に違いがあり、現実世界をどのように分けるかに違いがあることはわかっていても、表面が同じ英語であるときには案外、たとえばアイルランド英語とイギリス英語とで背後にはたらいているしくみに違いがあることには盲目でいられるのかもしれない。アイルランド語に固有のものの見方、認識における対立、思考の溝、情報のあらわしかたを英語の語彙、形態法および統語法において実現していくときに、どのようなことが生まれているのか。じっさいのアイルランド英語の文をどのように分析することが可能であるのか。本章ではその主要なところをみてきた。全容を明らかにするには筆者の仕事はまだ途上にあるが、接触によって生まれた言語の研究をわたしがおもしろく思うのは、出会って生まれる言語形式のなかに在る、異なるものの融合の妙に触れるときである。アイルランド英語のばあいには、アイルランド語から引き継いだ要素の英語における実現にアイルランド英語の独自性をみるときがそれである。

第六章　ことばが変わること、替わること

Ⅰ　言語接触

接触言語学にとってのアイルランド英語の魅力

異なる言語の出会いはすなわち、人々の出会いである。異なる言語文化をもつ人々は、どのようにして出会い、どのようにことばを交わし、どのようにして言語を介したコミュニケーションをおこなうだろうか。異なる言語がぶつかりあったときに、そこでできる新たな言語はどのようなものになるのだろうか。言語接触によって起こる現象はさまざまで、マクロには、たとえば言語交替という結果を導くもの、ピジン、クレオールといった新しい言語の形成に至るものもあるが、ミクロには、異なる言語文化の人とのコミュニケーションやコード・スイッチングなど、多様な形態で日常的に見られる現象である。

アイルランドはこのような言語接触について、多くのことを教えてくれる。本書で中心的な話題とした言語交替、そのなかで形成されたアイルランド英語とその言語的性質。そこにある、個人を中心とした言語の営みから、コミュニティの取り組み、国の問題としての言語政策——微視的にも、巨視的にも、魅力的なフィールドである。アイルランド英語は、現在はほかの主要な英語との接触にさらされていることから、話者の意識と文法変化の関係も興味深い。コミュニティに民族語ないし土着の言語とたとえば英語があるとき、どのようなありかたが可能か、そこにおける、人々の言語意識、言語とアイデンティティの関係性はどのようなものであるのかといったところにも研究の目は向けられる。

研究という観点から、他の接触言語との比較のもとにアイルランド英語の主要な特徴を述べるなら、(ⅰ)言語交替の結果うまれた変種であること、(ⅱ)この言語の話者はおもに教育によって民族語を保持する二言語環境におかれていること、(ⅲ)形成時において比較的明白な言語接触環境にあること、があげられる。明白な言語接触環境というのは、クレオールなど他の接触言語に比して、基層の言語が一つであり、接触および形成時の言語環境を調査によって明らかにできることを意味する。アイルランド英語は比較的新しい言語であるといえ、「形成→安定的な体系→さらなる変化」が比較的急速であるために、言語が置かれた環境と言語そのものの詳細を知ることができる。アイルランド英語は接触言語学および世界諸英語(World Englishes)の研究において重要な位置づけにある言語として注目を集めている(Heine and Kuteva 2005, Mesthrie and Bhatt 2008)。

形成と変化をどのようにみるか

アイルランド共和国の言語をとりまく状況は、ＥＵ諸国、とくにポーランドからの労働者の流入および他国からの移民の受け入れなどによって、このところ大きな変化をみせている。とはいえ移住は経済状況に左右されるので、最近では減少傾向にあるのだが、二〇〇五年から二〇一〇年頃にかけては国内の主要都市のパブやレストラン、宿泊施設などでは、アイルランドネイティブではない英語を

1600 北部から東部へイギリスの入植
｜ ～(Ⅰ)アイルランド語と英語の言語接触～
｜ 〈二言語使用がすすむ〉
1840s 大飢饉．アイルランド語母語話者の減少
｜ 〈母語としてのアイルランド語の継承が困難に〉
1900〈言語交替の加速化〉
｜ ～(Ⅱ)安定したアイルランド英語の形成～
1970s メディアの広がり，EC 加盟，教育の普及
｜ ～(Ⅲ)アイルランド英語と主要英語変種との接触～
2000 経済成長，グローバリゼーション
｜

図 2　アイルランドの言語史スケッチ

耳にすることも少なかった。ことばはコミュニティの状況におのずと影響を受けるものであるから、時代の変遷とともにことばも変わる。ここでは、まず言語をめぐる歴史的な流れをみたうえで、その流れにおいてアイルランド英語はどのように形成され変化してきたかというところを考えてみたい。

第二章でみたアイルランド英語形成までの言語の歴史と、その後の変化は、おおよそ図2のように概観できる。

すでに述べたように、一八四五年から数年間続いた大飢饉以降、急速に言語交替が進んでいったことはほぼ間違いない。いま仮に、南西部のあるコミュニティで一九世紀後半からアイルランド英語の形成が始まったとみて、およそ一九三〇年から五〇年にはあるていど安定したアイルランド英語の体系ができていたと想定できる。だがその安定的な体系も、一九六〇年初頭のテレビ放送の開始、教育の普及、その後のEC加盟など、言語をとりまく環境の変化によって、他の主要な英語との接触が起こり、標準化、平板化が進む。つづいて、一九九〇年代後半からの急激な経済成長「ケルトの虎」がもたらした社会状況がアイルランドで話される英語にさらなる変化をあたえていると考えられる。アイルランドにも標準的なイギリス英語を含めた、さまざまな英語変種が入ってくるようになり、安定的な体系に揺さぶりをかける。アイルランド英語は他の英語変種とのいわ

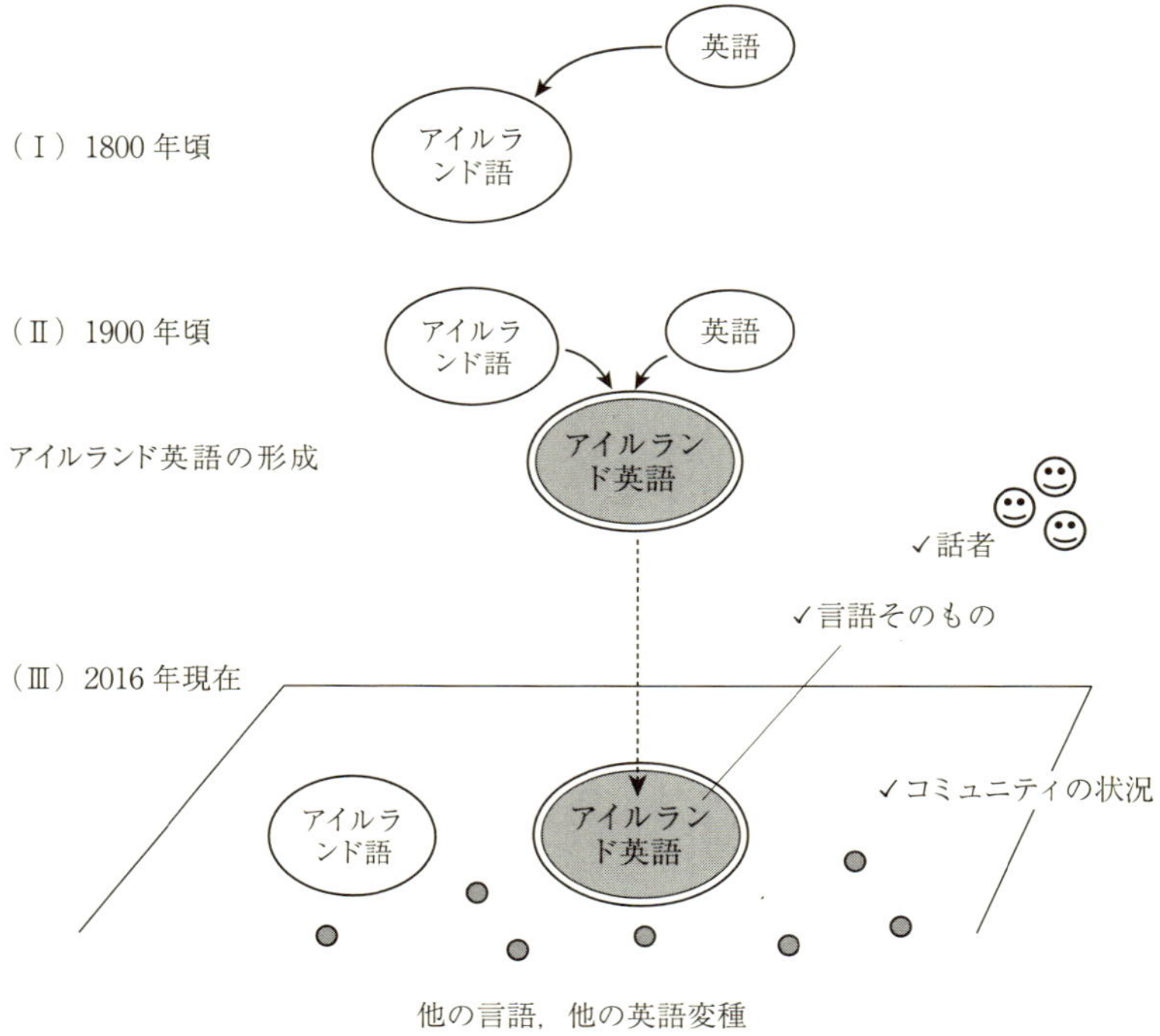

図3　アイルランドにおける言語接触の流れ

ば「第二の接触」が起こっている状況にある。

このようなおおよその流れのなかで、アイルランド英語はどのように形成され、形を変えつつあるのか。図2の（Ⅰ）（Ⅱ）（Ⅲ）のそれぞれの段階における言語の関係を図示したのが、図3である。（Ⅰ）においてアイルランド語を話すコミュニティに英語が入り、（Ⅱ）においてアイルランド語と英語が接触してアイルランド英語が形成される。そのアイルランド英語の現在が（Ⅲ）において表され、あるコミュニティにおいてアイルランド語とアイルランド英語が他の少数の言語とともに共存している状態にある。

アイルランド英語は、昔アイルランドにあったことばではなく、アイルランド語と英語の接触によって生まれた言語が現在まで続いてきたところのことばである。すなわち、アイルランド英語は、アイルランドで育ったことばが脈々と今日まで続いている連続体としてとらえることができる。図3の点線矢印が示すように、たとえばアイルランド南西部のあるコミュニティで数世代前の先祖が話し始め、アイルランド英語としてかたちを整えていった言語の今日の姿を変化の連続体の先端にみている。

これまでの章との関係を述べると、第二章は、(Ⅰ)から(Ⅲ)におけるアイルランド語について、前半では言語交替の要因を検討しながら、アイルランドに英語が入ってアイルランド英語が形成されるまでを、後半ではアイルランド語を中心とした、コミュニティにおける現状を述べた。第三章から第五章は、(Ⅲ)に描かれる現代の話である。第三章と第四章では、コミュニティの状況(背景の平面)における「話者」の言語をめぐる態度や意識を探りあて、第五章ではそのアイルランド英語の「中身」を内側から覗き見るような形で、文法的な独自性をみてきた。

文法的イノベーション

アイルランドはイギリスの隣に位置しているので、アイルランドで話される英語はイギリス方言のようにとらえがちだが、そこで話される英語には、独自の文法がある。ケルト語のなかまであるアイルランド語と、ゲルマン語のなかまである英語。系統の異なる二つの言語の出会いはイノベーション(新たな形式と意味の結びつき)を生み出す。

英語がかくも広く世界で話され、アイルランドにおいても、イギリス標準英語だけでなく多様な英語形態がメディアを通じて人々の生活に入っているのが現在である。そのなかにあって、アイルランドの人々が話す英語が「ふつうの英語」に収束する傾向にあることは否めないが、第五章において見てきたように、アイルランド英語は、時を表す表現と情報構造の表現といった文法の根幹の部分で、アイルランド語から引き継いだものを見えにくくともなんらかのかたちで保持していることは重要である。

接触によって生まれた言語の性質がどのようにして生み出されるのか。アイルランド英語が一般に教えてくれるところを考えてみよう。アイルランド英語は、二つの言語(言語Aと言語Bとする)が出会ったときに、新たな言語の文法がどのようにして形成されるのか、あるいはある言語が別の言語と接触したときにどのような変化が生じるのかといった、接触による言語変化(contact-induced language change)を考えるときに貴重な材料を提供する。二つの言語が接触したときに、どのように文法が形成され、定着し、さらに変化をするのかについて、アイルランド英語を例として、ひとつのモデルを考えてみたい。いま、言語Aと言語Bの接触よって、新たな言語(Aの諸要素とBの諸要素が融合されるかたちで形成されると考えて、言語[A'+B']とする)が形成されるところから進めよう。

アイルランド英語においては、おもな語彙供給言語(lexifier)が英語であり、基本的な形態統語法も英語に則っている(「基本的な」という言いかたは多くの曖昧性を残しているが、説明が煩雑になり、現段階できれいにおさまらないところがあるので、いちおうこのようにしておく)。それでは、アイルランド語はなにを提供しているのか。時の表現と情報構造の表現の考察からいえることは、文法的対立のベースをア

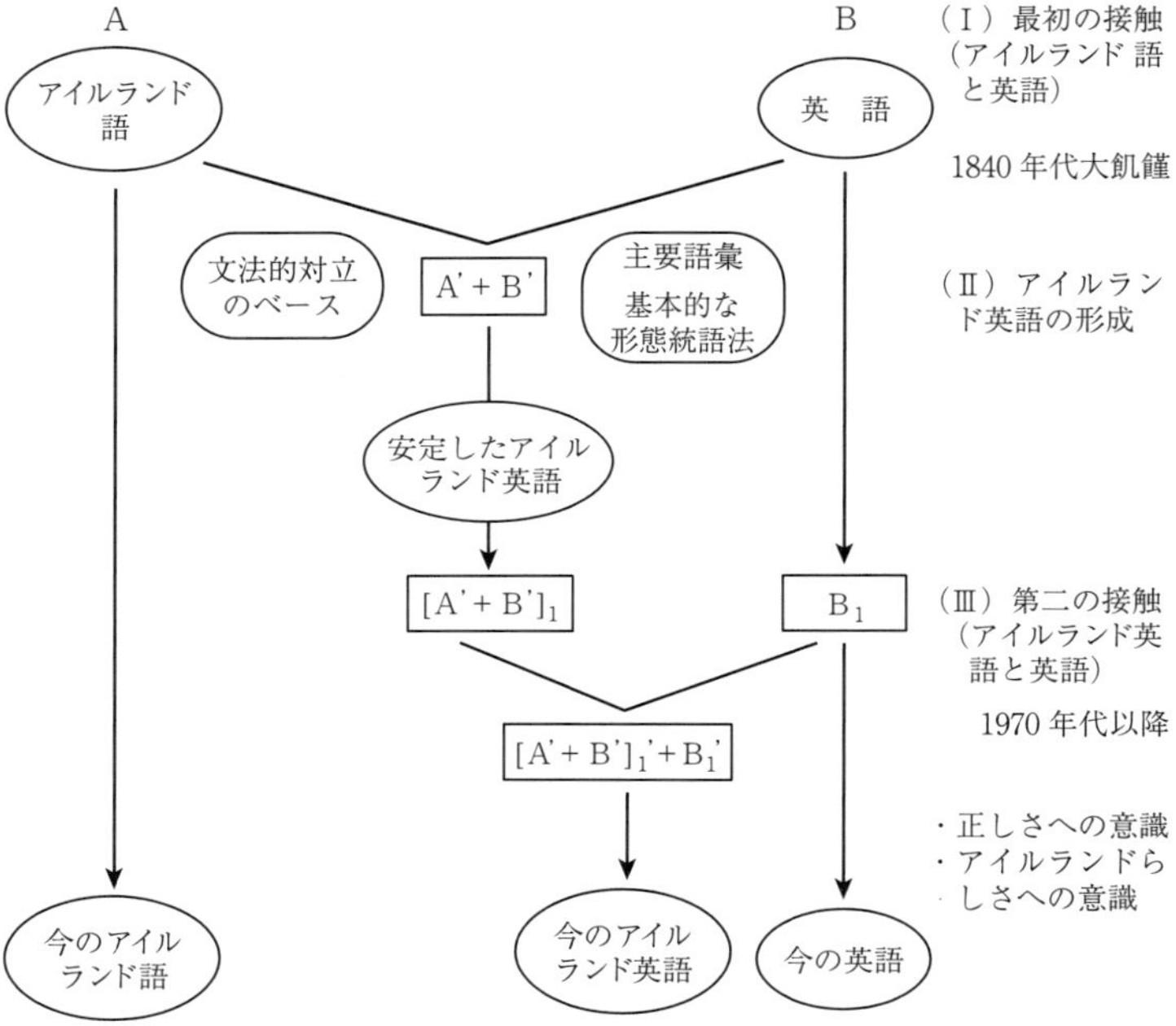

図 4　二言語接触による形成と変化のモデル

イルランド語が与えているのではないだろうかということである。文法的対立とは、なにが語および文の形を決めているのかに関わるもので、現実世界の切り分けを担っている。

たとえば、アイルランド英語の時を表す表現では、どのような事態（state of affairs）が be V-ing で表され、どのような事態がその形式で表されないのかといったことに関わる。これを時を表す諸形式で束ねてみれば、どのような事態が be after V-ing でどのような事態が have 完了で表されるのかといったことに関わる。情報構造の表現に関していえば、標準英語では分裂文という文の形式でもって焦点が表示されるので、焦点であるかないかという対立が統語形式に直接関係しているとみることができる。アイルランド英語のばあいには、その文における他の構成素との関係においてより重要な情報をもつかどうかが、文のかたちを決めている。

このような現実世界の切り分けかたに関わる部分の基盤をアイルランド語が供給し、英語が語彙と基本的な形態統語法を与えていると考えられ、比較的安定したアイルランド英語の体系に、その融合した形をみることができる（図４の（Ⅱ））。アイルランド語から引き継いだ要素の英語における実現、アイルランド英語独自のイノベーションに、接触によって生まれた新たな自律性をみることができるであろう。時代がくだって、図４の（Ⅲ）におけるアイルランド英語を$[A' + B']_1$として、他の英語変種B_1とのさらなる接触により形成されたものを$[A' + B']_1' + B_1'$と表している。もともとのA言語（アイルランド語）から引き継いだものも、B言語（英語）に収斂していくかたちでしだいに見えにくくはなるのだが、それでも、文法的対立は言語の重要な部分、すなわち、どのように世界を範疇化するかというところに関わっているので、保持されつづけるということを、このモデルで考えている。本書ではその詳細に踏み込むことはしないが、どのような文法特徴が保持され、どのような文法特徴が保持されにくいかといったことを、話者の言語意識と言語形式の性質に注目しながら、現在さらに考察しているところである（Shimada 2015, 2016）。

II　ことばの変化と人々の気持ち

英語と自分たちのことばとの間でゆれるアイデンティティ

言語とアイデンティティの関係性について考えようとするとき、もっとも顕著にあらわれるのが、民族的アイデンティティを表象するものとしてのアイルランド語の役割であろう。アイルランドにおいてアイルランド語は、確固たる民族言語的同一性に裏づけられて直接的に民族的アイデンティティを表象するシンボルである。アイルランド語を積極的に保持することは、この国にとって文化遺産以上の意味をもつのかもしれない。個人においてはアイルランド語を学ぶという行為やアイルランド語の保持への期待の表明という言動— acts of identity —としてあらわれ、アイルランド語を積極的に保持しながら、日々のコミュニケーションの言語であるアイルランド英語を通して自己表現する。英語を話すヨーロッパそしてケルトの地として独自の存在感をあらわしているようにみえる。

アイルランド語を保持し、尊重しながら、人々は自分たちの話しているアイルランド英語にアイルランドらしさを見出す。フィールドに滞在しながら感じることができるのは、こうした話者の意識や言語の土壌になっている文化であり、すこしわかってくるのは、事実、その言語には個性があるということである。第五章ではそのアイルランド英語の個性について、文例をみながら検討してきた。時の表現と情報構造の表現において、たとえばイギリス英語とはちがった、独自の手法をもっているさまを観察した。

そのなかで、彼らが話す英語のなかに脈々と流れているアイリッシュネスの形、言語的なあらわれを見てきたが、じっさいに彼らの話すアイルランド英語が独自の文法体系をもつことは重要である。そして、話者自身にアイルランドらしさへの意識、さらには自分たちの置かれた言語環境をも含めて独自性への気づきのあることも忘れてはならない。アンケートにおいて語られたように、彼らには自分たちの話す英語はアイルランド語からの語彙、言い回し、統語法に強く影響されているという意識がある。植民地支配により他から与えられた英語という一つの言語に民族文化的独自性であるアイリッシュネス(Irishness アイルランド性)を足しながら、あるいはもっと本質的に、英語のなかにアイリッシュネスを実現ないし再構築しながら、アイデンティティは言語を創造していく。現代のグローバル化される世界にあって、自分たちの固有性の追求や表現欲求は高まりをみせている。

学生時代に卒業論文のためにおこなったアンケートを通してアイルランドの人々の言語に対する考えや民族語に対する思いに触れ、「アイルランド語を失うことは民族的アイデンティティを失うこと」という文字の束を目の当たりにして、恐れ多くも無邪気に「そんなことはない」と言いたい気持ちになっていた。重ねて無邪気なことに、アイランド英語の調査を始めた大学院生のころには、アイルランド英語もまた民族を表す identifier(同一性を示すもの)になりうるということを示してみたいなどとひそかに思ったりもした(いまもそういうところがないとはいえないが、すこし違うかたちで腑に落ちたところがあるのかもしれない)。

けれども、修士論文を書いて、博士論文を書いて、いまもアイルランドに通い続けていて思うことは、アイルランド英語がその文法においてたとえどんなに固有のものであったとしても、民族のことば、土着のことばであるアイルランド語にはかなわないということだ。当然のことであるが、言語学がアイルランド英語の形成と変化を明らかにしてアイルランド語の何がどのように引き継がれているかを明らかにしたところで、それはそれにすぎない。英語としての形をもつことばは、アイルランド語がアイリッシュネスをそのまま象徴するような、民族言語的同一性に裏打ちされたidentifierにはなれない。少なくとも、かつてアイルランド語を話していた民族のその意識においては、そうはならない。そのようにして人々は、ふだんは意識せずとも国家と言語の問題やヨーロッパにおけるアイルランドが話題にのぼるときには、日常語としてアイルランド語が話されていないことを嘆き悲しみ、自分たちのアイデンティティを失ったように感じるのである。民族のことば、自分たちのことばの喪失は重く、それを取り戻そうとする、うごく個人、コミュニティの努力は音が聞こえそうなほどにこちらに響いてくる。

二言語主義の先にみえるものは

最終章においていまいちど確認しておきたいのは、アイルランドはなにか特別なことをしたために言語交替が起こったのではないということだ。第二章で詳しくみたように、その根底にあるのは、「順位づけ」というありふれた社会的行為である。結果的に言語交替を引き起こすことになった、アイルランドの母親の「わが子にはアイルランド語よりも英語を」という選択は、自分の方言よりも標準語のほうにわが子の将来をみる母親、「子どもには英語をしゃべらせたい」と願う日本の親と、なんら変わるところがない。そしてこのことは、言語もほかのさまざまな事物と同様に社会的な価値判断の対象になる以上、しごく自然なことである。アイルランドのばあいにはそこに植民地支配の過酷な背景があり、支配するものとされるものの力関係があり、貧困があった。そこにきて、大飢饉によるアイルランド語話者の急速な減少も追い打ちをかけた。その頃にはしだいに親はわが子にアイルランド語を話さなくなり、あるいはわが子を積極的に英語の環境に置くようにしてバイリンガルに育て、子どものほうでも新しい言語である英語におのずと生きる手段を得ていたのであろう。

日本で近年盛んになっている、早期の英語教育導入の議論、国民が英語を話せるようにするための英語教育の議論は、空気のようにある日本語を前提としている。言い換えれば、その議論は、英語が日本に浸透して多くの国民が英語を日常的に話すバイリンガルになったあとのことまでは考えていない。現代は多様な言語文化をもつ人たちがそれぞれに、たとえば英語やスペイン語や中国語といった大言語をある文脈では利用しつつ、なおかつ自分たちの言語をもっているということが可能であり、インターネットを通して世界中いつでもどこでもつながる時代である。だからアイルランドに起こったような言語交替などは起こりにくい状況にある。コミュニティにおける同質性がかつてのようになく、民族言語的に多様であるために、あるひとつの方向に動くということが起こりにくい。そうでなくてもいまのところ、日本は人口が多く、世界経済的にも影響力のある国であるから、そう簡単に国の言語が取り替えられるなどということは考えにくい。私自身もどこかで「日本語はだいじょうぶ」と、理由なき安心がある。

けれども、これからの日本のことばのことを議論するときに、私たちが知っておかなければならないのは、国民の多くが英語とのバイリンガルになったときには英語に傾くスピードが断然速くなるということである。もちろん、幸運にめぐまれて、安定的な二言語併用状態があるていど続くこともないとはいえないが、そのためには日本に複数言語使用の環境があり、英語と日本語がすくなくとも日本社会において、同じくらいの「力」をもっていることが条件となろう。もしも日本国民の大多数がひとまずなんらかの形で日本語と英語のバイリンガルであるという状況が生まれたときに、そこに加えて、英語が「フランスパン」で日本語が「長ネギ」(第二章「順位づけされる言語」)ということが日本社会における総意になっているというようなことになれば、日本語はもはや安泰ではなくなる方向におおきく舵をきっているかもしれない。

繰り返し述べたように、言語はコミュニティを単位としては三世代あれば替わることが可能である。そこにきてもし、最初には上からの「政策」としてなんとか苦労してであっても、日本全体に英語を浸透させ、英語が話せる国民を増やすということをしたとしよう。これはとてもたいへんなことだから一筋縄ではいかないが、一定の条件が整っていけばまるっきり不可能というわけでもない。その「作業」にしばらく(数百年、もしかしたら百年よりも短いかもしれないくらいの)時間がかかるとしても、日本語と英語のバイリンガル化が完了したつぎの世代には、世界の状況ないし日本を取り巻く環境によっては、英語の使用が増え、そのつぎの世代には英語のほうが日本語よりも楽、ということは可能性として起こりうるのだ。新しい言語がいちど多くの人の母語として定着してしまえば、気持ちがどうであれ言語能力と使用に引っ張られることは、アイルランドの多くの人々が民族語であるアイルランド語を話したいとつよく願っていても日常的には英語を用いて生活しているのをみれば明らかである。

ある日、車内広告に、某子ども英語塾のこんなキャッチコピーを見つけた。「お父さんお母さん。英語を日本語と同じくらい使えたらワクワクするよね。だっていろんな夢が選べると思うから！」(原文は「英語」を色を変えて表示)という女の子の吹き出し。そしてそのあとには、「お子さまの将来の可能性を広げませんか？」との問いかけが続く。英語にみる子どもの将来はアイルランドに重なる。たとえば百五十年前にアイルランドの南西部の地域では、アイルランド語よりも英語に子どもの将来を託した。アイルランドは今年(二〇一六年)三月イースター蜂起からちょうど百年を迎えたが、そのころの政治家たちの多くは古い貧しいアイルランドから脱却して、英語に豊かさを見て躍進しようとしていたのである。

そしてもうひとつ、この広告の女の子の「英語を日本語と同じくらい使えたら」という願望。早期の英語教育にある自然でイノセントな、バイリンガル化構想にも通ずる。そして、この女の子の願望は、いまの日本を生きるそう少なくない人々に共通のものとしてあるのだ。そして他方で、アイルランドは民族語を話せるバイリンガルを増やす計画のもとにあり、アイルランドの人々はアンケートに「アイルランド語が話せたら」「せめてアイルランド語とのバイリンガルでありたい」と民族語への思いを綴る。なんだか、私たちがこれからひょっとすると登り始めることになるかもしれない山の反対側のふもとに、いまのアイルランドの人々の状況を見なくもない。言語交替を経験した国に生きる人々の言葉に、いま耳を傾けてみたい。

言語の必然？——言語の危機と英語の多様性とそれぞれの選択

「ことばはそれを話す人なしに存在しえない」とアイルランドの人は言う。これはアイルランド語保持のスローガンにも聞こえるし、ゲールタハトの先生たちがそう肝に銘じて国語の教育にあたるものでもある。そしてまた、私たちにあたりまえの事実をたしかめさせもする。言語は人があってこそのもの、人の生活があってこそのもので、言語が人に先んじてあるのではない。すなわち、何語を話すかはその人が決める、あるいは、その人がおのずと話しているものがそのときのことばなのであって、そのことに、その人以外はとやかく言う筋合いのものではない。

ことばを替えるということが集団的に起こったとき、それは言語交替になる。もともと話していたことばが民族語であって、国を単位として交替が起こったとき、後々の世代は民族語が失われたことを嘆く。あるいは、祖先のおかれた苦境と歴史を理解し、あきらめの気持ちをもって受容し、前に向かって進む。ある人においては、民族言語的同一性をもつ言語を話せないことが悲しみであり、ある人においては、国の繁栄のためには英語を得ていることは有利であると考えを整頓する、あるいは明晰にそう判断する。あえて言語への思いや考えを語るとなれば、現代を生きるアイルランドの多くの人は、民族語を失うことへの悲しみ、アイルランド語保持への共鳴を口にする。いまの世代がその時代背景のもとに自分たちの話す言語に向き合っているのだと思う。

言語の問題はその土地に暮らす人々の生活や将来、そしてそれが集積したところでの国の繁栄などと直接的に結びついているので、ごく表面的に「民族語を守ろう」というようなきれいごとを口にすることはできない。ことばが日々変わっていくのと同様に、ことばが「替わって」いくこともまた、自然なこととして受け入れなければならないのかもしれない。それでも、たとえば、アイルランド語の母語話者がいなくなるというときに感じる、虚無感はなんだろう。翻ってまた、仮に後世の日本の人たちが日本語を話さなくなるというときに心を襲う、「そんなのは嫌」という拒絶、「そんなことはあってはならない」と思う気持ちはなんであろうか。言語のもつ身体性であろうか。ことばが人の感情や生活と密着しているために、言語が思考の手段であり形でもあり、自己表現や他者理解を全身で担うものだから、人はどうしても「民族のことば」にこだわるのだろうか。「私たち」として自分をつないでくれるものからはぐれることへの、薄いながらもベールのように覆う、微かでいて確実な不安感なのだろうか。あるいは、もっと本能的な帰属欲求なのであろうか。それとも、社会的な連帯意識に帰結するようななにかであろうか。

人の移動距離が増し、インターネットの普及した、現代のグローバル時代にあって、国や民族を超えて、共通のことばで意思疎通をはかれることは素晴らしいことである。そのなかで多くの民族語ないし小さな現地語が消滅の危機にさらされていることも事実である。またその一方で、英語のほうではインドやシンガポールにみるように現地化して、土地の文化(の一部)を反映した言語が生まれているのも事実である。World Englishes と英語を複数形にして、それぞれの地域文化に根づいた英語の研究の裾野も広がりをみせるのが現代である。世界の英語は多様性を増すが、グローバル化した状況にある人々の接触は、それぞれの土地に腰を下ろした英語が土着化してお互いの意思疎通がはかれなくなるほどに個別の方向に向かうことをさせない(古い時代ならば、とても長い目で見て、もしかしたら新たな個別言語に発展する可能性もあったかもしれない)。

このような現代においては、「言語」を単位としての多様性はたしかに縮小しているのかもしれない。けれども、と明るい方向にものを考えたくもなる（そもそも、多様なことが絶対的な善であるのかどうかはいったん考えないことにして）。人々の接触はかつてないほどに多様化し、それがゆえに言語のありかたも多様化している。さらに、「変種」という単位でものを見れば、多様性の縮小もそう嘆かわしい事態になっているわけでもないのかもしれない。現代の世界を見渡せば、言語のもつ安定性、定着性がゆさぶられ、あるいは言語は土地や国家や、ときに民族から切り離され、一言語としての枠に収まらない流動性のなかにあるのが日々の言語の営みなのかもしれないと思うところもある。

ことばは変わっていくのが常態である。そして、ひとはそのときどきにおいて最良ないし唯一の選択、自然な選択をしているにちがいない。

あとがき

わたしがことばの接触に魅かれるのは、それがどことなく人の出会いを思わせるからかもしれない。本書を書いているあいだには何度となく、自分がこれまでに出会った人たちのことをおもった。あるときには先生方から知らず知らずのうちに教わっているものごとに気づいた。海外の研究者との出会いのなかでなにかが芽生えたときのことも、アイルランドの友人と時間をすごすなかで考えたこと、感じたことも、そのときどきの空気感といっしょに思い出した。研究という文脈にかぎってみても、数えられないほど、自分の気持ちのうごいた瞬間とそのときのたしかな感触がある。

「Tamami, 砂糖を入れるかどうかのほうが、人生には大切なのよ」修士論文で 'tis 文（当時は「分裂文」It is X that Y. だと思って調査を始めた）における that の有無をメアリ・キーンの内省にはかっていたとき、彼女はわたしの目をみて、言い聞かせるように言った。たしかに彼女は圧倒的に正しくて、せっかくいれてくれた目の前の紅茶がさめていくことには注意がいかず、目の前のへんてこな文 *'tis brave that you are.（*は文法的でないことを示す）をメアリに押しつけているわたしはどうかしている。とはいえ、修士論文の身だとふんばる。これがメアリ・キーンとの一年目の夏で、それから十年とすこし。お会いするのは年に数日か十数日だったから、そのぶん喜びや出来事は濃く凝縮する。彼女にとっては夫ジョン・Bの死の悲しみをすこしずつ溶かしていくような時間、わたしにとってはたぶん研究者としていっぱい育たないといけないような時間。「書く」という行為に含まれる「生(living)」をメアリ・キーンは教えてくれた。

アイルランドの人は親しくなると、その友人が紅茶にミルクと砂糖を入れる人か、コーヒーに砂糖を入れる人かを分かっていて、そういうふうにして、出してくれる。それができていることが、友人であることのひそかなしるしであるような、そのことが相手にたいするたしなみであるような、そういうありかた。アイルランドの人たちがこういうことをだいじにしていると気づくまでにも、五年くらいかかった。アイルランドの思いやりは、さりげなく、あたたかく。

コーヒーと紅茶。わたしの「砂糖ミルク事情」はまったく一様ではないものだから、友人の記憶のなかでばらつきをうみだすことになる。たとえばエルシーは「どうかしてるわ、Tamamiは砂糖、要ったっけ? あら、ミルクはどうだったかしら。失礼しちゃうわよね、ごめんなさい」なんてことになったりしました。わたしがややこしい飲みかたをしなければ、彼女を混乱させたりしなくて済んだのに。それから、はて、その「ややこしい飲みかた」(飲みかたバリエーション)は環境/条件によって定式化できないだろうかと、うんと内省をこらしてみたりもしました。大袈裟にいえば「自分を知る」ことのひとつの糸口になるかもしれません。「まず、コーヒーと紅茶の別があって、こういう〔味・場所・時間・機会・天気・気分〕のときは、こういう飲みかた〔砂糖の有無・途中での変化の有無とタイミング〕をする」とかそんなこと。「気分」なんて言っているうちはまだ本気がたりなくて、「気分」でまとめてしまえるなら社会言語学はさほど苦労しないのかなぁなどと、考えが遊んでしまいました。

本書のはじまりは、編集者の浜門麻美子さんと話しているうちに、英語をめぐる日本の昨今の状況への問題認識が浮かびあがり、民族のことばから英語への言語交替が起こったアイルランドにはなにか重要な示唆があるかもしれないと思い始めたことでした。さいしょにやったのは、自分の卒業論文の粗拙い英語を日本語に換えながら、言語交替を中心としてアイルランドを見直す作業でした。それから、わたしがアイルランドとその言語のことを考えるようになって得てきたこれまでの知見と考察を、ひろく一般のひとにも読んでいただけるかたちで書くことをめざしました。本書から新たな出会いがうまれたら、考えの接触が起こって新たな知がうまれたら、こんなにうれしいことはありません。

この本の原稿を書き始めて、まだ想定する読者のイメージもつかめなかったころ、ある鮮明な思い出の画像が心にぱっとあらわれました。「あっ、聞いてほしい人たちがいる」と思ったのです。わたしは大学卒業後すぐに大阪市の英語の教員になったのですが、どうしても勉強がしたくなって、おもいきって職を辞して大学院に入る、ということをいたしました。それを決めるときの先輩の先生方の思いや励ましやお言葉、生徒のみんなに手をふったときに見えた景色と感情。自分にとってはとても意味のある思い出の数々が、その後のわたしをいつも支えていました。この本ができたところの感謝の最初は、大阪市立南高等学校で時間をともにした先生方、生徒のみなさん、わがままを聞き入れるしかなかった関係の方々です。先生方のお顔がひょいと浮かぶのですが、しだいに増えていきますので、お名前は書かないことにいたします。南高校での二年間、あのときに先輩の先生方が連れて行ってくれた、食堂、呑み屋さん、いまもあったらいいなぁ。

わたしがこれまですごしてきた大学に関連しても、感謝の気持ちを記したく思います。第一期生としてハラハラドキドキのアイルランド交換留学を支援してくださった、神戸大学国際文化学部の先生方がいなければ、そもそもわたしとアイルランドとの縁はなかったと思います。そして、研究に向かう基礎力を養うことができた京都大学文学研究科と東京大学人文社会系研究科の言語学研究室。さらに、大学で研究と教育にたずさわる、とても重要なはじまりを与えてくださった、山形大学人文学部。現職の明海大学外国語学部。諸先生方のご指導と、それぞれの場所での仲間と友人、そして学生、さまざまな出会いに感謝しています。本書の考察は、研究の過程においてその時期にその場所ですごしてこそ築いていけたもので、著者にとっては、それぞれのセクション、それぞれのアイデアに、そこからつながる「関係」のタグが付されているようなものです。

たとえば、インフォーマントとのラポール(心の小径《こみち》、心が通うこと)や危機言語(「消滅の危機に瀕した言語」を約めて)のことを教わったのは宮岡伯人先生からで、宮岡先生には、神戸大学での集中講義以降、フィールド調査の基本と言語の「細部」をみるやりかたをご指導いただいたような気がします。本書のなかのアイルランド英語の文法とその動態に関する考察は、京都大学在籍中に田窪行則先生のご指導のもとに核ができました。田窪先生の、考えをすすめるための無駄のない検討事項の問いかけと惜しみないご助言は考察の基盤を作ってくださいました。アイルランド英語にみる言語接触および話者の言語意識に関しては、東京大学にて林徹先生のもとで日本学術振興会特別研究員として研究できたことがとてもおおきく、いくつかの重要な部分（たとえば第六章の図4）は、じっさいに先生との対話のなかでそのイメージがまとまったことを覚えています。山形以降、自分が導くほうの立場にもなって、先生方の凄さとありがたさがよけいにわかる気がしています。

留学時代のホームステイからお世話になっている O'Connor Family, その当時からずっと友人の Clifford Family, 留学時代からの友人 Emmett Stones, 頼りになる協力者 Elsie Harris, リストールの Keane Family と町の人たち。コーク大学留学中の社会言語学の講義で出会い、現地調査の話をいつも聞いてくださる Elisabeth Okasha 先生、アイルランド英語の語源やジョイスなど話の尽きない Terrence P. Dolan 先生、アイルランド語教育がご専門の Pól Ruiséal 先生、昨夏出会えた、ゲールタハトの小学校の Máirín uí Chonchúir 先生に、感謝の気持ちを記します。アイルランドの人たちのさまざまな場面でのご協力とご支援なしには、さらに、アンケート調査やインタビュー調査に語られる、現地の人々の言語に対する深い洞察なしには、言語意識を重要なこととして含めた、このような言語の研究は成し得ません。本書の出版によって、アイルランドの人々の思いが日本のだれかの心に響き、私たちのことばのことを考える素材となることがあれば、本書にひとつの意味がうまれるのかもしれません。

さいごに、本書に直接的にかかわって。お忙しいなか草稿を読んでくださり、たいへんに重要かつ丁寧なご教示をくださいました、宮岡伯人先生、熊本裕先生、林徹先生に、心よりお礼申し上げます。先生方が読んでくださったこと、そうしていただいたお言葉と、ひとつひとつの的確で具体的なご指摘とご教示が本書の内容の実質的な改善につながり、どれほどの励みになったか、自分のこれからの力になるかわかりません。そして、本書のきっかけを作ってくださっただけではなく、「書いているか」とつねに目配りをくださり、まだかたちにならない段階から数々のご助言をくださいました、大津由紀雄先生に感謝いたします。さいごに、いつもきびしい目で拙稿にあたり、本書の企画、編集を担当してくださいました、岩波書店の浜門麻美子さんに、心よりお礼申し上げます。

嶋田珠巳

二〇一六年五月

嶋田珠巳
明海大学外国語学部教授.
2007 年京都大学大学院文学研究科行動文化学専攻言語学専修博士後期課程修了. 博士(文学). 日本学術振興会特別研究員(東京大学大学院人文社会系研究科), 山形大学人文学部講師・准教授, 明海大学外国語学部准教授を経て, 2017 年より現職.
専門は言語学.
単著に *English in Ireland: Beyond Similarities*(溪水社, 2010 年), 共著に『時間はなぜあるのか?:チンパンジー学者と言語学者の探検』(ミネルヴァ書房, 2022 年), 共編著に『言語接触:英語化する日本語から考える「言語とはなにか」』(東京大学出版会, 2019 年), 『時間と言語』(三省堂, 2021 年)などがある.

英語という選択——アイルランドの今

2016 年 6 月 23 日　第 1 刷発行
2025 年 4 月 24 日　第 3 刷発行

著　者　嶋田珠巳《しまだたまみ》

発行者　坂本政謙

発行所　株式会社 岩波書店
〒101-8002 東京都千代田区一ツ橋 2-5-5
電話案内 03-5210-4000
https://www.iwanami.co.jp/

印刷・三陽社　カバー・半七印刷　製本・松岳社

ISBN978-4-00-022298-3　Printed in Japan

索　引

あ 行

か 行

さ 行

た 行

な 行

は 行

ま 行

や・ら・わ 行

参考文献

イエイツ，W. B.(1993)『ケルトの薄明』井村君江 訳，ちくま文庫．

イーグルトン，テリー(1997)『表象のアイルランド』鈴木聡 訳，紀伊國屋書店．

イーグルトン，テリー(2002)『とびきり可笑しなアイルランド百科』小林章夫 訳，筑摩書房．

江利川春雄，斎藤兆史，鳥飼玖美子，大津由紀雄(2014)『学校英語教育は何のため？』ひつじ書房．

大澤正佳(1988)『ジョイスのための長い通夜』青土社．

オフェイロン，ショーン(1997)『アイルランド 歴史と風土』橋本槇矩 訳，岩波文庫．

オフェイロン，ショーン(2011-14)『ショーン・オフェイロン短編小説全集』第1〜3巻，風呂本武敏 監訳，新水社．

亀井孝，河野六郎，千野栄一 編著(1988-96)『言語学大辞典』全6巻，三省堂．

木村正俊 編(2014)『アイルランド文学――その伝統と遺産』開文社出版．

小泉凡(2006)「ラフガディオ・ハーンにおける口承文化の受容と継承」，中央大学人文科学研究所 編『ケルト 口承文化の水脈』中央大学出版部．

小泉凡(2014)『怪談四代記――八雲のいたずら』講談社．

柴田元幸 責任編集(2015)『MONKEY Vol. 5(特集：死者の歌――イギリス・アイルランドの物語)』スイッチ・パブリッシング．

柴田元幸 編訳(2015)『ブリティッシュ＆アイリッシュ・マスターピース』スイッチ・パブリッシング．

嶋田珠巳(2008)「アイルランド英語 *be after V-ing* の表現効果――*have* 完了との対立を中心に」『東京大学言語学論集』第27号，187-206頁．

嶋田珠巳(2010)「言語意識の問題――アイルランド英語の“Irishness”と“Bad Grammar”」，『東京大学言語学論集』第30号，215-231頁．

高橋潔，田部滋(1991)『基礎からの新総合英語 改訂新版(チャート式)』数研出版．

立川健二(2000)『ポストナショナリズムの精神』現代書館．

谷川俊太郎(2007)『谷川俊太郎質問箱』東京糸井重里事務所．

鶴岡真弓（1997）『ジョイスとケルト世界――アイルランド芸術の系譜』平凡社ライブラリー.
デリダ，ジャック（2001）『たった一つの，私のものではない言葉――他者の単一言語使用』守中高明 訳，岩波書店.
栩木伸明（2012）『アイルランド紀行――ジョイスからU2まで』中公新書.
原聖（2007）『ケルトの水脈』講談社.
船橋洋一（2000）『あえて英語公用語論』文春新書.
風呂本武敏 編（2009）『アイルランド・ケルト文化を学ぶ人のために』世界思想社.
細川弘明（1982）「言語交替の過程――中央アンデスの事例から」『季刊人類学』第13巻第1号，3–56頁.
マローン，アンドリュー・E.（1989）『アイルランドの演劇』久保田重芳 訳，冨岡書房.
水村美苗（2015）『増補 日本語が亡びるとき――英語の世紀の中で』ちくま文庫.
宮岡伯人（2015）『「語」とはなにか・再考――日本語文法と「文字の陥穽」』三省堂.
遊佐昇（2015）『唐代社会と道教』東方書店.

Brenzinger, Mathias (1997) Language contact and language displacement. In Florian Coulmas ed. *The Handbook of Sociolinguistics*. Oxford: Blackwell Publishing.
Cotter, Colleen (1994) Focus in Irish and English: Contrast and contact. *Proceedings of the Twentieth Annual Meeting of the Berkeley Linguistic Society*. 134–144.
Dolan, Terence Patrick (1999) *A Dictionary of Hiberno-English: The Irish Use of English*. Dublin: Gill and Macmillan.
Doyle, Aidan (2001) *Irish*. München: Lincom Europa.
Edwards, Ruth Dudley (1981) *An Atlas of Irish History*. 2nd edn. London and New York: Methuen.
Fishman, Joshua A. (1972) *The Sociology of Language: An Interdisciplinary Social Science Approach to Language in Society*. Massachusetts: Newbury House Publishers.
Filppula, Markku (1999) *The Grammar of Irish English: Language in Hibernian*

Style. London: Routledge.

Gal, Susan (1978) Peasant men can't get wives: Language change and sex roles in a bilingual community. *Language in Society* 7. 1–16.

Government of Ireland (2010) *20-year Strategy for the Irish Language 2010–2030*.

Government of Ireland (2012) *This is Ireland: Highlights from Census 2011*, Part 1. Dublin: Central Statistics Office.

Greene, David (1966) *The Irish Language*. Dublin: The Cultural Relations Committee of Ireland.

Hayasi, Tooru (1997) Separated genitive construction in modern Turkish. In Kazuto Matsumura and Tooru Hayasi eds. *The Dative and Related Phenomena*, pp. 227–253. Tokyo: Hituzi Syobo.

Henry, Alison (1995) *Belfast English and Standard English: Dialect Variation and Parameter Setting*. Oxford: Oxford University Press.

Heine, Bernd and Tania Kuteva (2005) *Language Contact and Grammatical Change*. Cambridge: Cambridge University Press.

Hickey, Raymond (2012) Standard Irish English. In Raymond Hickey ed. *Standards of English: Codified Varieties Around the World*, pp. 96–116. Cambridge: Cambridge University Press.

Hindley, Reg (1990) *The Death of the Irish Language: A Qualified Obituary*. London: Routledge.

Davies, Laurence (1993) Introduction. In James Joyce, *Dubliners*. Ware: Wordsworth Editions, pp. v–xx.

Kallen, Jeffrey L. (1989) Tense and aspect categories in Irish English. *English World-Wide* 10. 1–39.

Kallen, Jeffrey L. (1991) Sociolinguistic variation and methodology: *after* as a Dublin variable. In Jenny Cheshire ed. *English Around the World: Sociolinguistic Perspectives*, pp. 61–74. Cambridge: Cambridge University Press.

Kallen, Jeffrey L. and John M. Kirk (2008) *ICE-Ireland: A User's Guide*. Belfast: Cló Ollscoil na Banríona.

Keane, John B. (1960) *Sharon's Grave*. Dublin: Progress House.

Keane, John B. (1961) *The Highest House on the Mountain*. Dublin: Progress House.

Keane, John B. (1986) *Sive*. Dublin: Progress House.

Keane, John B. (1991) *The Field*. Cork: Mercier.

Keane, John B. (1997) Letters of a successful TD. *The Celebrated Letters of John B. Keane*. Cork: Mercier.

Labov, William (1963) The social motivation of a sound change. *Word* 19. 273-309.

Labov, William (1972) *Sociolinguistic Patterns*. Philadelphia: University of Pennsylvania Press.

McCloskey, James (1979) *Transformational Syntax and Model Theoretic Semantics: A Case Study in Modern Irish*. Dordrecht: D. Reidel.

Mesthrie, Rajend and Rakesh M. Bhatt (2008) *World Englishes: The Study of New Linguistic Varieties*. Cambridge: Cambridge University Press.

Milroy, Lesley (1987) *Observing and Analysing Natural Language: A Critical Account of Sociolinguistic Method*. London: Blackwell.

Murphy, Bróna (2006) Gender and its influence on linguistic production in responding across different age groups. Presented at *Sociolinguistic Symposium* 16. University of Limerick.

Ó Cuív, Brian (1951) *Irish Dialects and Irish-speaking Districts*. Dublin: Dublin Institute for Advanced Studies.

Ó Gliasáin, Mícheál (1990) *Language Shift among Schoolchildren in Gaeltacht Areas 1974-1984: An Analysis of the Distribution of £10 Grant Qualifiers*. Dublin: The Linguistics Institute of Ireland.

Schiffman, Harold F. (1993) The balance of power in multiglossic languages: Implications for language shift. *International Journal of the Sociology of Language* 103. 115-148.

Shimada, Tamami. (2010) *English in Ireland: Beyond Similarities*. Hiroshima: Keisuisha.

Shimada, Tamami (2013) The *do be* form in southwest Hiberno-English and its linguistic enquiries. *Festschrift for Professor Hiroshi Kumamoto, Tokyo University Linguistic Papers* 33. 255-271.

Shimada, Tamami (2015) Morphosyntactic features in flux: Awareness of 'Irishness' and 'Standard' in Hiberno-English speakers. *Arbbeiten aus Anglistik und Amerikanistik* 40. 41-65.

Shimada, Tamami (2016) Speakers' awareness and the use of *do be* vs. *be after* in Hiberno-English. *Language Contact and World Englishes, World Englishes* 32 (2). 310-323.

参考文献

Wardhaugh, Ronald (2010) *An Introduction to Sociolinguistics*. Sixth Edition. Oxford: Blackwell.